孟子

【宋】朱熹 集注

國學典藏

上海古籍出版社

图书在版编目(CIP)数据

孟子/(宋)朱熹集注. —上海：上海古籍出版社，2013.8(2018.5 重印)
(国学典藏)
ISBN 978-7-5325-6831-4

Ⅰ. ①孟… Ⅱ. ①朱… Ⅲ. ①儒家②《孟子》—注释 Ⅳ. ①B222.52

中国版本图书馆 CIP 数据核字(2013)第 102041 号

国学典藏

孟子

[宋]朱熹 集注

上海世纪出版股份有限公司
上 海 古 籍 出 版 社 出版

(上海瑞金二路 272 号 邮政编码 200020)

(1)网址：www.guji.com.cn

(2)E-mail：guji1@guji.com.cn

(3)易文网网址：www.ewen.co

上海世纪出版股份有限公司发行中心发行经销

江阴金马印刷有限公司印刷

开本 890×1240 1/32 印张 7.375 插页 5 字数 205,000

2013 年 8 月第 1 版 2018 年 5 月第 5 次印刷

印数：8,201—10,300

ISBN 978-7-5325-6831-4

B·817 定价：20.00 元

前　言

金良年

过去习惯将儒家思想称为“孔孟之道”，“孔”当然是“至圣先师”孔子，被称为“亚圣”的“孟”乃是指战国时代儒家的著名学者孟轲（约前372—前289）。他的故乡在现今山东的邹县，距孔子的家乡不远。司马迁在《史记》中只为他作了一篇140字的传记，其中还包括了近50字的时代背景介绍，因此，后人对他生平的了解十分粗略。据说他的父亲名激，很早就去世了，幼年的孟轲实际由母亲抚养长大，孟子在早年很得力于母亲的教诲，汉代刘向《列女传》中记载的“孟母三迁”故事，后来还写进了大名鼎鼎的通俗读物《三字经》，被作为贤母教子的典范事例而广泛流传，在过去几乎家喻户晓。孟子长大后，曾“受业子思之门人”（《史记・孟子荀卿列传》，子思是儒家宗师孔子的孙子），奠定了他对儒家学说的终生信仰。学业成就后，他像当时许多学者一样，一面设帐授徒，一面历游各国，向诸侯国君游说自己的主张。他曾先后到过齐、宋、滕、魏、鲁等国，并一度担任齐宣王的客卿，在齐国的稷下学宫讲过学。据《史记》记载，由于当时的君主不采纳他的治国主张，所以他就不再过问世务，以著作的方式阐发儒家学说，写成了《孟子》一书。但后人一般认为，今天所见的《孟子》并非出于孟子自作，它和《论语》一样，也是由他的门徒编纂而成的，不过与《论语》稍有不同的是，其中的部分章节很可能经过孟子的亲自润饰，朱熹也曾说过：“《论语》多门弟子所集，故言语时有长长短短不类处。《孟子》疑自著之书，故首尾文字一体，无些子瑕疵。不是自下手，安得如此好！”（《朱子语类》卷十九）现在流传的《孟子》共有七篇，约三万五千余字，据《汉书·艺文志》诸子略的记载，西汉时的《孟子》传本有十一篇，今天我们所见到的《孟子》七篇属“内篇”，另有《性善》、《辨文》、《说孝经》、《为政》（前三篇或作《性善辨》、《文说》、《孝经》）等四篇为“外篇”。东汉时为《孟子》作注的赵岐认为，这四篇的文辞、风格与“内篇”有很大的差异，可能是后人的伪作（冯友兰的《中国哲学史史料学初稿》认为，外篇的题目“都是有独立意义的，因此跟七篇大不相同，可以断定它们与七篇不是同时期的作品”），所以后来就逐渐亡佚，在《隋书·经籍志》中已不见这四篇的踪迹了。至于现在所传的《孟子外书》四篇则出于明人伪撰，早在清代就已是无可改移的铁案了。

孟子在儒家中的地位原先并不高，孔子去世之后，儒分为八，“子思之儒”就是其中的一个派别（《韩非子·显学》）。后于孟子的儒家大师荀子还曾批评子思、孟轲一派是“略法先王而不知其统，犹然而材剧志大，闻见杂博，案往旧造说，谓之五行，甚僻违而无类，幽隐而无说，闭约而无解”（《荀子·非十二子》）。在当时儒家性善、性恶的论争中，孟子主张性善，而荀子主张性恶，见解是很不相同的。因此，在《汉书·艺文志》中，《孟子》一书仅一般性的列于儒家，并未特别予以表彰。东汉时赵岐曾为《孟子》作注，其性质也仅是为一般的儒家典籍作注。相对于同时期《论语》的列于学官、一再整理，《孟子》显然是受到冷落的。即使是儒家宗师孔子，当时究竟是称为“先圣”还是“先师”，也是在经常摇摆之中，一般情况下，孔子是列名于周公之后，“周孔”并称（如南北朝萧梁时的王褒曾说“及于知命，既崇周孔之教，兼循老释之谈”）。孔子之下，首先提到的则是他的大弟子颜回（如晋代王沉自称“少长于孔颜之门”）。到了唐代，颜回被封为“亚圣”,“周孔”并称逐渐淡出,但那时儒家的地位正受到释、道两教的挑战,晚唐时力主辟佛的韩愈在《原道》中提出了后来具有重大影响的“道统”说:“吾所谓道也,非向所谓老与佛之道也,尧以是传之舜,舜以是传之禹,禹以是传之汤,汤以是传之文、武、周公,文、武、周公传之孔子,孔子传之孟轲,轲之死,不得其传焉。”在这个儒家传承体系中,孟子取代了颜回的地位,成了孔子的嫡派传人,后来惯称的“孔孟之道”即渊源于此。当时曾有过多次要求提高《孟子》一书地位的请求,如代宗宝应二年(763)礼部侍郎杨绾疏请《论语》、《孝经》、《孟子》兼为一经,懿宗咸通四年(863)进士皮日休请立《孟子》为学科,但在唐末官府所刻的“开成石经”中仍没有将《孟子》列入。到了宋代,统治者正式将《孟子》升格为“经”。经南宋淳熙年间理学家的鼓吹与“四书”的编纂,《孟子》作为“经”的地位才正式固定下来,南宋陈振孙编纂《直斋书录解题》,首次将《孟子》与《论语》并列归入经部,他在分类说明中说:“自韩文公称‘孔子传之孟轲,轲死,不得其传’,天下学者咸曰孔孟,孟子之书固非荀、扬以降所可同日语也,今国家设科取士,《语》、《孟》并列为经,而程氏诸儒训解二书常相表里,故今合为一类。”

《孟子》与《论语》一样,也属于以记言为主的语体文,但它比《论语》又有所发展。《论语》的文字简约、含蓄,《孟子》则有许多长篇大论,气势磅礴,逻辑性强,既尖锐机智而又从容舒缓,对后代的散文产生了深远的影响。当时,与孟子同时代的一些思想家如商鞅、荀子、庄子等人都已经在写作专题短论,而《孟子》的文体仍然依仿《论语》,后人认为《孟子》一书的编纂沿袭了《论语》的体裁是不无道理的。这不仅是形式上的模仿,它与孟子自诩儒家的正统传人有很大的关系,孟子曾说过:“五百年必有王者兴,其间必有名世者”,“由孔子而来至于今百有余岁,去圣人之世若此其未远也,近圣人之居若此其甚也,然而无有乎尔”?(《孟子·公孙丑下》)他虽然没有直说,但自负其传道之任的倾向是很明显的。

对比《论语》和《孟子》,两者在形式和内容上都有很大的不同,朱熹曾多次和门弟子谈论过两者之间的差异:“孟子教人多言理义大体,孔子则就切实做工夫处教人。”“譬如今沙糖,孟子但说糖味甜耳,孔子虽不如此说,却只将那糖与人吃,人若肯吃,则其味之甜自不待说而知也。”“孔子之言,多且是泛说做工夫,如‘居处恭,执事敬’、‘言忠信,行笃敬’之类,未说此是要理会甚么物,待学者自做得工夫透彻,却就其中见得体段是如此。至孟子则恐人不理会得,又趱进一着说,如‘恻隐之心’与‘学问之道求放心’之类,说得渐渐亲切。”(《朱子语类》卷十九)两者的不同,显然与他们所处的时代不同有关,春秋时代仅仅是“礼崩乐坏”,而战国时代则变法已经到处展开,清代学者顾炎武曾经对比这两个时代的不同说:“春秋时犹尊礼重信而七国则绝不言礼与信矣,春秋时犹宗周王而七国则绝不言王矣,春秋时犹严祭祀、重聘享而七国则无其事矣,春秋时犹论宗姓氏族而七国则无一言及之矣,春秋时犹宴会赋诗而七国则不闻矣,春秋时犹有赴告策书而七国则无有矣。”(《日知录》卷十三“周末风俗”)尤其是孟子当时还面临着与其他学派争鸣,以维护儒家地位的问题,他曾说:“杨、墨之道不息,孔子之道不著,是邪说诬民充塞仁义也,仁义充塞则率兽食人,人将相食,吾为此惧。……我亦欲正人心,息邪说,距诐行,放淫辞,以承三圣(按指禹、周公、孔子)者。岂好辩哉?予不得已也。能言距杨、墨者,圣人之徒也。”(《孟子·滕文公下》)其次则与他们两人的秉性和思想观念的差异有关,孟子只是当时孔门诸多学派中的一派,尽管同属儒家,但他所阐发的道理只是强调了其中的某个方面,所以朱熹也说:“夫子所说包得孟子,孟子所言却出不得圣人疆域。”(《朱子语类》卷十九)因此,在理学的

"四书"体系中,《大学》是"定其规模",《论语》是"立其根本",而《孟子》则"观其发越"(《朱子语类》卷十四)。朱熹指导门弟子读《孟子》的方法说:"《孟子》成大段,首尾通贯,熟读文义自见,不可逐一句一字上理会也。""孟子之书明白亲切,无甚可疑者,只要日日熟读,须教它在吾肚中先千百转,便自然纯熟。某初看时要逐句去看它,便觉得意思浅迫,至后来放宽看却有条理。然此书不特是义理精明,又且是甚次第文章,某因读亦知作文之法。"(《朱子语类》卷十九)

此次整理,以宋代当涂郡斋刻本《四书章句集注》为底本,校以其他宋、元本,底本误者据校本径改,不出校记。

目 录

孟子序说

朱　熹

《史记·列传》曰："孟轲，[1]驺人也，[2]受业子思之门人。[3]道既通，[4]游事齐宣王，宣王不能用。适梁，梁惠王不果所言，则见以为迂远而阔于事情。[5]当是之时，秦用商鞅，楚、魏用吴起，齐用孙子、田忌。天下方务于合从连衡，以攻伐为贤。而孟轲乃述唐、虞、三代之德，是以所如者不合。退而与万章之徒序《诗》、《书》，述仲尼之意，作《孟子》七篇。"[6]

【朱子自注】

[1] 赵氏曰："孟子，鲁公族孟孙之后。"《汉书》注云："字子车。"一说："字子舆。"

[2] 驺，亦作邹，本邾国也。

[3] 子思，孔子之孙，名伋。《索隐》云王劭以"人"为衍字，而赵氏注及《孔丛子》等书亦皆云孟子亲受业于子思，未知是否。

[4] 赵氏曰："孟子通《五经》，尤长于《诗》、《书》。"程子曰："孟子曰：'可以仕则仕，可以止则止，可以久则久，可以速则速。''孔子，圣之时者也。'故知《易》者莫如孟子。又曰：'王者之迹熄而《诗》亡，《诗》亡然后《春秋》作。'又曰：'春秋无义战。'又曰：'《春秋》，天子之事。'故知《春秋》者莫如孟子。"尹氏曰："以此而言，则赵氏谓孟子长于《诗》、《书》而已，岂

知孟子者哉？”

[5] 按《史记》：“梁惠王之三十五年乙酉，孟子始至梁。其后二十三年，当齐湣王之十年丁未，齐人伐燕，而孟子在齐。”故古史谓“孟子先事齐宣王，后乃见梁惠王、襄王、齐湣王”。独《孟子》以伐燕为宣王时事，与《史记》、《荀子》等书皆不合。而《通鉴》以伐燕之岁为宣王十九年，则是孟子先游梁而后至齐见宣王矣。然《考异》亦无他据，又未知孰是也。

[6] 赵氏曰：“凡二百六十一章，三万四千六百八十五字。”韩子曰：“孟轲之书，非轲自著。轲既没，其徒万章、公孙丑相与记轲所言焉耳。”愚按：二说不同，《史记》近是。

韩子曰：“尧以是传之舜，舜以是传之禹，禹以是传之汤，汤以是传之文、武、周公，文、武、周公传之孔子，孔子传之孟轲，轲之死不得其传焉。荀与扬也，择焉而不精，语焉而不详。”[1]

又曰：“孟氏醇乎醇者也。荀与扬，大醇而小庇。”[2]

又曰：“孔子之道大而能博，门弟子不能遍观而尽识也，故学焉而皆得其性之所近。其后离散，分处诸侯之国，又各以其所能授弟子，源远而末益分。惟孟轲师子思，而子思之学出于曾子。自孔子没，独孟轲氏之传得其宗。故求观圣人之道者，必自《孟子》始。”[3]

又曰：“扬子云曰：‘古者杨、墨塞路，孟子辞而辟之，廓如也。’夫杨、墨行，正道废。孟子虽贤圣，不得位，空言无施，虽切何补？然赖其言，而今之学者尚知宗孔氏，崇仁义，贵王贱霸而已。其大经大法，皆亡灭而不救，坏烂而不收。所谓存十一于千百，安在其能廓如也？然向无孟氏，则皆服左衽而言侏离矣。故愈尝推尊孟氏，以为功不在禹下者，为此也。”

【朱子自注】

[1] 程子曰：“韩子此语，非是蹈袭前人，又非凿空撰得出，必有所见。若无所见，不知言所传者何事。”

[2] 程子曰：“韩子论孟子甚善，非见得孟子意，亦道不到。其论荀、扬则非也。荀子极偏驳，只一句‘性恶’，大本已失。扬子虽少过，然亦不识性，更说甚道？”

[3] 程子曰：“孔子言参也鲁，然颜子没后，终得圣人之道者，曾子也。观其启手足时之言，可以见矣。所传者子思、孟子，皆其学也。”

或问于程子曰：“孟子还可谓圣人否？”程子曰：“未敢便道他是圣人，然学已到至处。”[1]

程子又曰：“孟子有功于圣门，不可胜言。仲尼只说一个‘仁’字，孟子开口便说‘仁义’。仲尼只说一个‘志’，孟子便说许多‘养气’出来。只此二字，其功甚多。”

又曰：“孟子有大功于世，以其言性善也。”

又曰：“孟子性善、养气之论，皆前圣所未发。”

又曰：“学者全要识时。若不识时，不足以言学。颜子陋巷自乐，以有孔子在焉。若孟子之时，世既无人，安可不以道自任？”

又曰：“孟子有些英气。才有英气，便有圭角，英气甚害事。如颜子便浑厚不同，颜子去圣人只毫发间。孟子大贤，亚圣之次也。”或曰：“英气见于甚处？”曰：“但以孔子之言比之，便可见。且如冰与水精非不光，比之玉，自是有温润含蓄气象，无许多光耀也。”

【朱子自注】

［1］愚按：“至”字，恐当作“圣”字。

杨氏曰：“《孟子》一书，只是要正人心，教人存心养性，收其放心。至论仁、义、礼、智，则以恻隐、羞恶、辞让、是非之心为之端。论邪说之害，则曰：‘生于其心，害于其政。’论事君，则曰：‘格君心之非’，‘一正君而国定’。千变万化，只说从心上来。人能正心，则事无足为者矣。《大学》之修身、齐家、治国、平天下，其本只是正心、诚意而已。心得其正，然后知性之善。故孟子遇人便道性善。欧阳永叔却言‘圣人之教人，性非所先’，可谓误矣。人性上不可添一物，尧、舜所以为万世法，亦是率性而已。所谓率性，循天理是也。外边用计用数，假饶立得功业，只是人欲之私，与圣贤作处，天地悬隔。”

卷第一

梁惠王上

孟子见梁惠王。[1]王曰："叟，不远千里而来，亦将有以利吾国乎？"[2]孟子对曰："王何必曰利？亦有仁义而已矣。[3]王曰'何以利吾国'？大夫曰'何以利吾家'？士庶人曰'何以利吾身'？上下交征利而国危矣。万乘之国，弑其君者，必千乘之家；千乘之国，弑其君者，必百乘之家。万取千焉，千取百焉，不为不多矣。苟为后义而先利，不夺不餍。[4]未有仁而遗其亲者也，未有义而后其君者也。[5]王亦曰仁义而已矣，何必曰利？"[6]

【朱子集注】

[1] 梁惠王，魏侯罃也。都大梁，僭称王，谥曰惠。《史记》："惠王三十五年，卑礼厚币以招贤者，而孟轲至梁。"

[2] 叟，长老之称。王所谓利，盖富国强兵之类。

[3] 仁者，心之德、爱之理。义者，心之制、事之宜也。此二句乃一章之大指，下文乃详言之。后多放此。

[4] 乘，去声。餍，於艳反。○此言求利之害，以明上文何必曰利之意也。征，取也。上取乎下，下取乎上，故曰交征。国危，谓将有弑夺之祸。乘，车数也。万乘之国者，天子畿内地方千里，出车万乘。千乘之家者，天子之公卿采地方百里，出车千乘也。千乘之国，诸侯之国。百乘之家，诸侯之大夫也。弑，下杀上也。餍，足也。言臣之于君，每十分而取

其一分，亦已多矣。若又以义为后而以利为先，则不弑其君而尽夺之，其心未肯以为足也。

［5］此言仁义未尝不利，以明上文亦有仁义而已之意也。遗，犹弃也。后，不急也。言仁者必爱其亲，义者必急其君。故人君躬行仁义而无求利之心，则其下化之，自亲戴于己也。

［6］重言之，以结上文两节之意。○此章言仁义根于人心之固有，天理之公也。利心生于物我之相形，人欲之私也。循天理，则不求利而自无不利；徇人欲，则求利未得而害已随之。所谓毫厘之差，千里之缪。此《孟子》之书所以造端托始之深意，学者所宜精察而明辨也。○太史公曰："余读《孟子书》，至梁惠王问何以利吾国，未尝不废书而叹也。曰：嗟乎！利，诚乱之始也。夫子罕言利，常防其源也。故曰放于利而行，多怨。自天子以至于庶人，好利之弊，何以异哉？"程子曰："君子未尝不欲利，但专以利为心则有害。惟仁义则不求利而未尝不利也。当是之时，天下之人惟利是求，而不复知有仁义。故孟子言仁义而不言利，所以拔本塞源而救其弊，此圣贤之心也。"

孟子见梁惠王。王立于沼上，顾鸿雁麋鹿，曰："贤者亦乐此乎？"[1]孟子对曰："贤者而后乐此，不贤者虽有此不乐也。[2]《诗》云：'经始灵台，经之营之。庶民攻之，不日成之。经始勿亟，庶民子来。王在灵囿，麀鹿攸伏。麀鹿濯濯，白鸟鹤鹤。王在灵沼，於牣鱼跃。'文王以民力为台为沼，而民欢乐之，谓其台曰灵台，谓其沼曰灵沼，乐其有麋鹿鱼鳖。古之人与民偕乐，故能乐也。[3]《汤誓》曰：'时日害丧？予及女偕亡。'民欲与之偕亡，虽有台池鸟兽，岂能独乐哉？"[4]

【朱子集注】

[1] 乐，音洛，篇内同。○沼，池也。鸿，雁之大者。麋，鹿之大者。

[2] 此一章之大指。

[3] 亟，音棘。麀，音忧。鹤，《诗》作翯，户角反。於，音乌。○此引《诗》而释之，以明贤者而后乐此之意。《诗·大雅·灵台》之篇。经，量度也。灵台，文王台名也。营，谋为也。攻，治也。不日，不终日也。亟，速也。言文王戒以勿亟也。子来，如子来趋父事也。灵囿、灵沼，台下有囿，囿中有沼也。麀，牝鹿也。伏，安其所，不惊动也。濯濯，肥泽貌。鹤鹤，洁白貌。於，叹美辞。牣，满也。孟子言文王虽用民力，而民反欢乐之，既加以美名，而又乐其所有。盖由文王能爱其民，故民乐其乐，而文王亦得以享其乐也。

[4] 害，音曷。丧，去声。女，音汝。○此引《书》而释之，以明不贤者虽有此不乐之意也。《汤誓》，《商书》篇名。时，是也。日，指夏桀。害，何也。桀尝自言："吾有天下，如天之有日，日亡吾乃亡耳。"民怨其虐，故因其自言而目之曰："此日何时亡乎？若亡，则我宁与之俱亡。"盖欲其亡之甚也。孟子引此，以明君独乐而不恤其民，则民怨之而不能保其乐也。

梁惠王曰："寡人之于国也，尽心焉耳矣。河内凶，则移其民于河东，移其粟于河内。河东凶亦然。察邻国之政，无如寡人之用心者。邻国之民不加少，寡人之民不加多，何也？"[1]孟子对曰："王好战，请以战喻。填然鼓之，兵刃既接，弃甲曳兵而走。或百步而后止，或五十步而后止。以五十步笑百步，则何如？"曰："不可。直不百步耳，是亦走也。"曰："王如知此，则无望民之多于邻国也。[2]不违农时，谷不可胜食也；数罟不入洿池，鱼鳖不可胜食也；斧斤以时入山林，材木不可胜用也。谷与鱼鳖不可胜食，材木不可胜用，是使民养生丧死无憾也。养生丧死无憾，王道之始也。[3]五亩之宅，树之以桑，五十者可以衣帛矣。鸡豚狗彘之畜，无失其时，七十者可以食肉矣。百亩之田，勿夺其时，数口之家可以无饥矣。谨庠序之教，申之以孝悌之义，颁白者不负戴于道路矣。七十者衣帛食肉，黎民不饥不寒，然而不王者，未之有也。[4]狗彘食人食而不知检，涂有饿莩而不知发；人死，则曰：‘非我也，岁也。’是何异于刺人而杀之，曰：‘非我也，兵也。’王无罪岁，斯天下之民至焉。”[5]

【朱子集注】

[1] 寡人，诸侯自称，言寡德之人也。河内、河东，皆魏地。凶，岁不熟也。移民以就食，移粟以给其老稚之不能移者。

[2] 好，去声。填，音田。○填，鼓音也。兵以鼓进，以金退。直，犹但也。言此以譬邻国不恤其民，惠王能行小惠，然皆不能行王道以养其民，不可以此而笑彼也。杨氏曰：“移民移粟，荒政之所不废也。然不能行先王之道，而徒以是为尽心焉，则末矣。”

[3] 胜，音升。数，音促。罟，音古。洿，音乌。○农时，谓春耕、夏耘、秋收之时。凡有兴作，不违此时，至冬乃役之也。不可胜食，言多也。数，密也。罟，网也。洿，窊下之地，水所聚也。古者网罟必用四寸之目，鱼不满尺，市不得粥，人不得食。山林川泽，与民共之，而有厉禁。草木零落，然后斧斤入焉。此皆为治之初，法制未备，且因天地自然之利，而撙节爱养之事也。然饮食宫室所以养生，祭祀棺椁所以送死，皆民所急而不可无者。今皆有以资之，则人无所恨矣。王道以得民心为本，故以此为王道之始。

[4] 衣，去声。畜，许六反。数，去声。王，去声。凡有天下者，人称之曰王，则平声；据其身临天下而言曰王，则去声。后皆放此。○五亩之宅，一夫所受，二亩半在田，二亩半在邑。田中不得有木，恐妨五谷，故于

墙下植桑以供蚕事。五十始衰，非帛不暖；未五十者不得衣也。畜，养也。时，谓孕字之时，如孟春牺牲毋用牝之类也。七十非肉不饱，未七十者不得食也。百亩之田，亦一夫所受。至此则经界正，井地均，无不受田之家矣。庠、序，皆学名也。申，重也，丁宁反复之意。善事父母为孝，善事兄长为悌。颁，与班同，老人头半白黑者也。负，任在背。戴，任在首。夫民衣食不足，则不暇治礼义；而饱暖无教，则又近于禽兽。故既富而教以孝悌，则人知爱亲敬长而代其劳，不使之负戴于道路矣。衣帛、食肉但言七十，举重以见轻也。黎，黑也。黎民，黑发之人，犹秦言黔首也。少壮之人，虽不得衣帛食肉，然亦不至于饥寒也。此言尽法制品节之详，极财成辅相之道，以左右民，是王道之成也。

[5] 莩，平表反。刺，七亦反。○检，制也。莩，饿死人也。发，发仓廪以赈贷也。岁，谓岁之丰凶也。惠王不能制民之产，又使狗彘得以食人之食，则与先王制度品节之意异矣。至于民饥而死，犹不知发，则其所移特民间之粟而已。乃以民不加多，归罪于岁凶，是知刃之杀人，而不知操刃者之杀人也。不罪岁，则必能自反而益修其政，天下之民至焉，则不但多于邻国而已。○程子曰："孟子之论王道，不过如此，可谓实矣。"又曰："孔子之时，周室虽微，天下犹知尊周之为义，故《春秋》以尊周为本。至孟子时，七国争雄，天下不复知有周，而生民之涂炭已极。当是时，诸侯能行王道，则可以王矣。此孟子所以劝齐、梁之君也。盖王者，天下之义主也。圣贤亦何心哉？视天命之改与未改耳。"

梁惠王曰："寡人愿安承教。"[1]孟子对曰："杀人以梃与刃，有以异乎？"曰："无以异也。"[2]"以刃与政，有以异乎？"曰："无以异也。"[3]曰："庖有肥肉，厩有肥马，民有饥色，野有饿莩，此率兽而食人也。[4]兽相食，且人恶之。为民父母，行政不免于率兽而食人，恶在其为民父母也？[5]仲尼曰：'始作俑者，其无后乎！'为其象人而用之也。如之何其使斯民饥而死也?”[6]

【朱子集注】

[1] 承上章言愿安意以受教。

[2] 梃,徒顶反。〇梃,杖也。

[3] 孟子又问而王答也。

[4] 厚敛于民以养禽兽,而使民饥以死,则无异于驱兽以食人矣。

[5] 恶之之恶,去声。恶在之恶,平声。〇君者,民之父母也。恶在,犹言何在也。

[6] 俑,音勇。为,去声。〇俑,从葬木偶人也。古之葬者,束草为人,以为从卫,谓之刍灵,略似人形而已。中古易之以俑,则有面目机发,而大似人矣。故孔子恶其不仁,而言其必无后也。孟子言此作俑者,但用象人以葬,孔子犹恶之,况实使民饥而死乎?〇李氏曰:“为人君者,固未尝有率兽食人之心。然徇一己之欲,而不恤其民,则其流必至于此。故以为民父母告之。夫父母之于子,为之就利避害,未尝顷刻而忘于怀,何至视之不如犬马乎?”

梁惠王曰:“晋国,天下莫强焉,叟之所知也。及寡人之身,东败于齐,长子死焉;西丧地于秦七百里;南辱于楚。寡人耻之,愿比死者一洒之,如之何则可?”[1]孟子对曰:“地方百里而可以王。[2]王如施仁政于民,省刑罚,薄税敛,深耕易耨。壮者以暇日修其孝悌忠信,入以事其父兄,出以事其长上,可使制梃以挞秦、楚之坚甲利兵矣。[3]彼夺其民时,使不得耕耨以养其父母,父母冻饿,兄弟妻子离散。[4]彼陷溺其民,王往而征之,夫谁与王敌?[5]故曰:‘仁者无敌。’王请勿疑!”[6]

【朱子集注】

[1] 长，上声。丧，去声。比，必二反。洒与洗同。○魏本晋大夫魏斯，与韩氏、赵氏共分晋地，号曰三晋，故惠王犹自谓晋国。惠王三十年，齐击魏，破其军，虏太子申。十七年，秦取魏少梁，后魏又数献地于秦。又与楚将昭阳战，败，亡其七邑。比，犹为也。言欲为死者雪其耻也。

[2] 百里，小国也，然能行仁政，则天下之民归之矣。

[3] 省，所梗反。敛、易，皆去声。耨，奴豆反。长，上声。○省刑罚，薄税敛，此二者仁政之大目也。易，治也。耨，耘也。尽己之谓忠，以实之谓信。君行仁政，则民得尽力于农亩，而又有暇日以修礼义，是以尊君亲上而乐于效死也。

[4] 养，去声。○彼，谓敌国也。

[5] 夫，音扶。○陷，陷于阱。溺，溺于水。暴虐之意。征，正也。以彼暴虐其民，而率吾尊君亲上之民往正其罪，彼民方怨其上而乐归于我，则谁与我为敌哉？

[6] “仁者无敌”，盖古语也。百里可王，以此而已。恐王疑其迂阔，故勉使勿疑也。○孔氏曰：“惠王之志，在于报怨；孟子之论，在于救民。所谓惟天吏则可以伐之，盖孟子之本意。”

孟子见梁襄王。[1]出，语人曰：“望之不似人君，就之而不见所畏焉。卒然问曰：‘天下恶乎定？’吾对曰：‘定于一。’[2]‘孰能一之？’[3]对曰：‘不嗜杀人者能一之。’[4]‘孰能与之？’[5]对曰：‘天下莫不与也。王知夫苗乎？七八月之间旱，则苗槁矣。天油然作云，沛然下雨，则苗浡然兴之矣。其如是，孰能御之？今夫天下之人牧，未有不嗜杀人者也。如有不嗜杀人者，则天下之民皆引领而望之矣。诚如是也，民归之，由水之就下，沛然谁能御之？’”[6]

【朱子集注】

[1] 襄王，惠王子，名赫。

[2] 语，去声。卒，七没反。恶，平声。○语，告也。不似人君，不见所畏，言其无威仪也。卒然，急遽之貌。盖容貌词气，乃德之符，其外如此，则其中之所存者可知。王问列国分争，天下当何所定。孟子对以必合于一，然后定也。

[3] 王问也。

[4] 嗜，甘也。

[5] 王复问也。与，犹归也。

[6] 夫，音扶。浡，音勃。由，当作犹，古字借用。后多放此。○周七八月，夏五六月也。油然，云盛貌。沛然，雨盛貌。浡然，兴起貌。御，禁止也。人牧，谓牧民之君也。领，颈也。盖好生恶死，人心所同。故人君不嗜杀人，则天下悦而归之。○苏氏曰："孟子之言，非苟为大而已。然不深原其意而详究其实，未有不以为迂者矣。予观孟子以来，自汉高祖及光武，及唐太宗，及我宋太祖皇帝，能一天下者四君，皆以不嗜杀人致之。其余杀人愈多，而天下愈乱。秦、晋及隋，力能合之，而好杀不已，故或合而复分，或遂以亡国。孟子之言，岂偶然而已哉？"

齐宣王问曰："齐桓、晋文之事可得闻乎？"[1]孟子对曰："仲尼之徒无道桓、文之事者，是以后世无传焉。臣未之闻也。无以，则王乎？"[2]曰："德何如，则可以王矣？"曰："保民而王，莫之能御也。"[3]曰："若寡人者，可以保民乎哉？"曰："可。"曰："何由知吾可也？"曰："臣闻之胡龁曰，王坐于堂上，有牵牛而过堂下者，王见之，曰：'牛何之？'对曰：'将以衅钟。'王曰：'舍之！吾不忍其觳觫，若无罪而就死地。'对曰：'然则废衅钟与？'曰：'何可废也？以羊易之。'不识有诸？"[4]曰："有之。"曰："是心足以王矣。百姓皆以王为爱也，臣固知王之不忍也。”[5]王曰：“然。诚有百姓者。齐国虽褊小，吾何爱一牛？即不忍其觳觫，若无罪而就死地，故以羊易之也。”[6]曰：“王无异于百姓之以王为爱也。以小易大，彼恶知之？王若隐其无罪而就死地，则牛羊何择焉？”王笑曰：“是诚何心哉？我非爱其财而易之以羊也，宜乎百姓之谓我爱也。”[7]曰：“无伤也，是乃仁术也，见牛未见羊也。君子之于禽兽也，见其生，不忍见其死；闻其声，不忍食其肉。是以君子远庖厨也。”[8]王说，曰：“《诗》云：‘他人有心，予忖度之。’夫子之谓也。夫我乃行之，反而求之，不得吾心。夫子言之，于我心有戚戚焉。此心之所以合于王者，何也？”[9]曰：“有复于王者曰：‘吾力足以举百钧，而不足以举一羽；明足以察秋毫之末，而不见舆薪。’则王许之乎？”曰：“否。”“今恩足以及禽兽，而功不至于百姓者，独何与？然则一羽之不举，为不用力焉；舆薪之不见，为不用明焉；百姓之不见保，为不用恩焉。故王之不王，不为也，非不能也。”[10]曰：“不为者与不能者之形何以异？”曰：“挟太山以超北海，语人曰‘我不能’，是诚不能也。为长者折枝，语人曰‘我不能’，是不为也，非不能也。故王之不王，非挟太山以超北海之类也；王之不王，是折枝之类也。[11]老吾老，以及人之老；幼吾幼，以及人之幼。天下可运于掌。《诗》云：‘刑于寡妻，至于兄弟，以御于家邦。’言举斯心加诸彼而已。故推恩足以保四海，不推恩无以保妻子。古之人所以大过人者，无他焉，善推其所为而已矣。今恩足以及禽兽，而功不至于百姓者，独何与？[12]权，然后知轻重；度，然后知长短。物皆然，心为甚。王请度之![13]抑王兴甲兵,危士臣,构怨于诸侯,然后快于心与?"[14]王曰:"否。吾何快于是?将以求吾所大欲也。"[15]曰:"王之所大欲可得闻与?"王笑而不言。曰:"为肥甘不足于口与?轻暖不足于体与?抑为采色不足视于目与?声音不足听于耳与?便嬖不足使令于前与?王之诸臣,皆足以供之,而王岂为是哉?"曰:"否。吾不为是也。"曰:"然则王之所大欲可知已。欲辟土地,朝秦、楚,莅中国而抚四夷也。以若所为,求若所欲,犹缘木而求鱼也。"[16]王曰:"若是其甚与?"曰:"殆有甚焉。缘木求鱼,虽不得鱼,无后灾。以若所为,求若所欲,尽心力而为之,后必有灾。"曰:"可得闻与?"曰:"邹人与楚人战,则王以为孰胜?"曰:"楚人胜。"曰:"然则小固不可以敌大,寡固不可以敌众,弱固不可以敌强。海内之地方千里者九,齐集有其一,以一服八,何以异于邹敌楚哉?盖亦反其本矣。[17]今王发政施仁,使天下仕者皆欲立于王之朝,耕者皆欲耕于王之野,商贾皆欲藏于王之市,行旅皆欲出于王之涂,天下之欲疾其君者皆欲赴愬于王。其若是,孰能御之?"[18]王曰:"吾惛,不能进于是矣。愿夫子辅吾志,明以教我。我虽不敏,请尝试之。"[19]曰:"无恒产而有恒心者,惟士为能。若民,则无恒产,因无恒心。苟无恒心,放辟邪侈,无不为已。及陷于罪,然后从而刑之,是罔民也。焉有仁人在位,罔民而可为也?[20]是故明君制民之产,必使仰足以事父母,俯足以畜妻子,乐岁终身饱,凶年免于死亡。然后驱而之善,故民之从之也轻。[21]今也制民之产,仰不足以事父母,俯不足以畜妻子,乐岁终身苦,凶年不免于死亡。此惟救死而恐不赡，奚暇治礼义哉？[22]王欲行之，则盍反其本矣。[23]五亩之宅，树之以桑，五十者可以衣帛矣。鸡豚狗彘之畜，无失其时，七十者可以食肉矣。百亩之田，勿夺其时，八口之家可以无饥矣。谨庠序之教，申之以孝悌之义，颁白者不负戴于道路矣。老者衣帛食肉，黎民不饥不寒，然而不王者，未之有也。”[24]

【朱子集注】

[1] 齐宣王，姓田氏，名辟彊，诸侯僭称王也。齐桓公、晋文公，皆霸诸侯者。

[2] 道，言也。董子曰：“仲尼之门，五尺童子羞称五伯。为其先诈力而后仁义也。”亦此意也。以、已通用。无已，必欲言之而不止也。王，谓王天下之道。

[3] 保，爱护也。

[4] 龁，音核。舍，上声。觳，音斛。觫，音速。与，平声。○胡龁，齐臣也。衅钟，新铸钟成，而杀牲取血以涂其衅郄也。觳觫，恐惧貌。孟子述所闻胡龁之语而问王，不知果有此事否？

[5] 王见牛之觳觫而不忍杀，即所谓恻隐之心，仁之端也。扩而充之，则可以保四海矣。故孟子指而言之，欲王察识于此而扩充之也。爱，犹吝也。

[6] 言以羊易牛，其迹似吝，实有如百姓所讥者。然我之心不如是也。

[7] 恶，平声。○异，怪也。隐，痛也。择，犹分也。言牛羊皆无罪而死，何所分别而以羊易牛乎？孟子故设此难，欲王反求而得其本心。王不能然，故卒无以自解于百姓之言也。

[8] 远，去声。○无伤，言虽有百姓之言，不为害也。术，谓法之巧者。盖杀牛既所不忍，衅钟又不可废，于此无以处之，则此心虽发而终不

得施矣。然见牛则此心已发而不可遏，未见羊则其理未形而无所妨。故以羊易牛，则二者得以两全而无害，此所以为仁之术也。声，谓将死而哀鸣也。盖人之于禽兽，同生而异类。故用之以礼，而不忍之心施于见闻之所及。其所以必远庖厨者，亦以预养是心而广为仁之术也。

[9] 说，音悦。忖，七本反。度，待洛反。夫我之夫，音扶。○《诗·小雅·巧言》之篇。戚戚，心动貌。王因孟子之言，而前日之心复萌，乃知此心不从外得，然犹未知所以反其本而推之也。

[10] 与，平声。为不之为，去声。○复，白也。钧，三十斤，百钧，至重难举也。羽，鸟羽。一羽，至轻易举也。秋毫之末，毛至秋而末锐，小而难见也。舆薪，以车载薪，大而易见也。许，犹可也。今恩以下，又孟子之言也。盖天地之性，人为贵。故人之与人，又为同类而相亲。是以恻隐之发，则于民切而于物缓；推广仁术，则仁民易而爱物难。今王此心能及物矣，则其保民而王，非不能也，但自不肯为耳。

[11] 语，去声。为长之为，去声。长，上声。折，之舌反。○形，状也。挟，以腋持物也。超，跃而过也。为长者折枝，以长者之命，折草木之枝，言不难也。是心固有，不待外求，扩而充之，在我而已，何难之有？

[12] 与，平声。○老，以老事之也。吾老，谓我之父兄。人之老，谓人之父兄。幼，以幼畜之也。吾幼，谓我之子弟。人之幼，谓人之子弟。运于掌，言易也。《诗·大雅·思齐》之篇。刑，法也。寡妻，寡德之妻，谦辞也。御，治也。不能推恩，则众叛亲离，故无以保妻子。盖骨肉之亲，本同一气，又非但若人之同类而已。故古人必由亲亲推之，然后及于仁民；又推其余，然后及于爱物。皆由近以及远，自易以及难。今王反之，则必有故矣。故复推本而再问之。

[13] 度之之度，待洛反。○权，称锤也。度，丈尺也。度之，谓称量之也。言物之轻重长短，人所难齐，必以权度度之而后可见。若心之应物，则其轻重长短之难齐，而不可不度以本然之权度，又有甚于物者。今王恩及禽兽，而功不至于百姓。是其爱物之心重且长，而仁民之心轻且短，失其当然之序而不自知也。故上文既发其端，而于此请王度之也。

[14] 与,平声。○抑,发语辞。士,战士也。构,结也。孟子以王爱民之心所以轻且短者,必其以是三者为快也。然三事实非人心之所快,有甚于杀觳觫之牛者。故指以问王,欲其以此而度之也。

[15] 不快于此者,心之正也;而必为此者,欲诱之也。欲之所诱者独在于是,是以其心尚明于他而独暗于此。此其爱民之心所以轻短,而功不至于百姓也。

[16] 与,平声。为肥、抑为、岂为、不为之为,皆去声。便、令,皆平声。辟,与闢同。朝,音潮。○便嬖,近习嬖幸之人也。已,语助辞。辟,开广也。朝,致其来朝也。秦、楚,皆大国。莅,临也。若,如此也。所为,指兴兵结怨之事。缘木求鱼,言必不可得。

[17] 甚与、闻与之与,平声。○殆、盖,皆发语辞。邹,小国。楚,大国。齐集有其一,言集合齐地,其方千里,是有天下九分之一也。以一服八,必不能胜,所谓后灾也。反本,说见下文。

[18] 朝,音潮。贾,音古。愬与诉同。○行货曰商,居货曰贾。发政施仁,所以王天下之本也。近者悦,远者来,则大小强弱非所论矣。盖力求所欲,则所欲者反不可得;能反其本,则所欲者不求而至。与首章意同。

[19] 惛与昏同。

[20] 恒,胡登反。辟与僻同。焉,於虔反。○恒,常也。产,生业也。恒产,可常生之业也。恒心,人所常有之善心也。士尝学问,知义理,故虽无常产而有常心。民则不能然矣。罔,犹罗网,欺其不见而取之也。

[21] 畜,许六反,下同。○轻,犹易也。此言民有常产而有常心也。

[22] 治,平声。凡治字为理物之义者,平声;为已理之义者,去声。后皆放此。○赡,足也。此所谓无常产而无常心者也。

[23] 盍,何不也。使民有常产者,又发政施仁之本也。说具下文。

[24] 音见前章。○此言制民之产之法也。赵氏曰:“八口之家,次上农夫也。此王政之本,常生之道,故孟子为齐、梁之君各陈之也。”杨氏

曰:“为天下者,举斯心加诸彼而已。然虽有仁心仁闻,而民不被其泽者,不行先王之道故也。故以制民之产告之。”○此章言人君当黜霸功,行王道。而王道之要,不过推其不忍之心,以行不忍之政而已。齐王非无此心,而夺于功利之私,不能扩充以行仁政。虽以孟子反复晓告,精切如此,而蔽固已深,终不能悟,是可叹也。

卷第二

梁惠王下

庄暴见孟子，曰："暴见于王，王语暴以好乐，暴未有以对也。"曰："好乐何如？"孟子曰："王之好乐甚，则齐国其庶几乎！"[1]他日，见于王曰："王尝语庄子以好乐，有诸？"王变乎色，曰："寡人非能好先王之乐也，直好世俗之乐耳。"[2]曰："王之好乐甚，则齐其庶几乎！今之乐犹古之乐也。"[3]曰："可得闻与？"曰："独乐乐，与人乐乐，孰乐？"曰："不若与人。"曰："与少乐乐，与众乐乐，孰乐？"曰："不若与众。"[4]"臣请为王言乐：[5]今王鼓乐于此，百姓闻王钟鼓之声、管籥之音，举疾首蹙頞而相告曰：'吾王之好鼓乐，夫何使我至于此极也？父子不相见，兄弟妻子离散。'今王田猎于此，百姓闻王车马之音，见羽旄之美，举疾首蹙頞而相告曰：'吾王之好田猎，夫何使我至于此极也？父子不相见，兄弟妻子离散。'此无他，不与民同乐也。[6]今王鼓乐于此，百姓闻王钟鼓之声、管籥之音，举欣欣然有喜色而相告曰：'吾王庶几无疾病与？何以能鼓乐也？'今王田猎于此，百姓闻王车马之音，见羽旄之美，举欣欣然有喜色而相告曰：'吾王庶几无疾病与？何以能田猎也？'此无他，与民同乐也。[7]今王与百姓同乐，则王矣。"[8]

【朱子集注】

[1] 见于之见，音现，下“见于”同。语，去声，下同。好，去声。篇内并同。○庄暴，齐臣也。庶几，近辞也，言近于治。

[2] 变色者，惭其好之不正也。

[3] 今乐，世俗之乐。古乐，先王之乐。

[4] 闻与之与，平声。乐乐，下字音洛。孰乐，亦音洛。○独乐不若与人，与少乐不若与众，亦人之常情也。

[5] 为，去声。○此以下，皆孟子之言也。

[6] 蹙，子六反。頞，音遏。夫，音扶。同乐之乐，音洛。○钟、鼓、管、籥，皆乐器也。举，皆也。疾首，头痛也。蹙，聚也。頞，额也。人忧戚则蹙其额。极，穷也。羽旄，旌属。不与民同乐，谓独乐其身而不恤其民，使之穷困也。

[7] 病与之与，平声。同乐之乐，音洛。○与民同乐者，推好乐之心以行仁政，使民各得其所也。

[8] 好乐而能与百姓同之，则天下之民归之矣，所谓齐其庶几者如此。○范氏曰：“战国之时，民穷财尽，人君独以南面之乐自奉其身。孟子切于救民，故因齐王之好乐，开导其善心，深劝其与民同乐，而谓今乐犹古乐。其实今乐、古乐，何可同也？但与民同乐之意，则无古今之异耳。若必欲以礼乐治天下，当如孔子之言，必用《韶舞》，必放郑声。盖孔子之言，为邦之正道；孟子之言，救时之急务，所以不同。”杨氏曰：“乐以和为主，使人闻钟、鼓、管、弦之音而疾首蹙頞，则虽奏以《咸》、《英》、《韶》、《濩》，无补于治也。故孟子告齐王以此，姑正其本而已。”

齐宣王问曰：“文王之囿方七十里，有诸？”孟子对曰：“于传有之。”[1]曰：“若是其大乎？”曰：“民犹以为小也。”曰：“寡人之囿方四十里，民犹以为大，何也？”曰：“文王之囿方七十里，刍荛者往焉，雉兔者往焉，与民同之。民以为小，不亦宜乎。[2]臣始至于境，问国之大禁，然后敢入。臣闻郊关之内，有囿方四十里，杀其麋鹿者如杀人之罪。则是方四十里，为阱于国中。民以为大，不亦宜乎。”[3]

【朱子集注】

[1] 囿，音又。传，直恋反。○囿者，蕃育鸟兽之所。古者四时之田，皆于农隙以讲武事，然不欲驰骛于稼穑场圃之中，故度闲旷之地以为囿。然文王七十里之囿，其亦三分天下有其二之后也与？传，谓古书。

[2] 刍，音初。荛，音饶。○刍，草也。荛，薪也。

[3] 阱，才性反。○礼：入国而问禁。国外百里为郊，郊外有关。阱，坎地以陷兽者，言陷民于死也。

齐宣王问曰：“交邻国有道乎？”孟子对曰：“有。惟仁者为能以大事小，是故汤事葛，文王事昆夷；惟智者为能以小事大，故大王事獯鬻，句践事吴。[1]以大事小者，乐天者也；以小事大者，畏天者也。乐天者保天下，畏天者保其国。[2]《诗》云：‘畏天之威，于时保之。’”[3]王曰：“大哉言矣！寡人有疾，寡人好勇。”[4]对曰：“王请无好小勇。夫抚剑疾视曰，‘彼恶敢当我哉’！此匹夫之勇，敌一人者也。王请大之！[5]《诗》云：‘王赫斯怒，爰整其旅，以遏徂莒，以笃周祜，以对于天下。’此文王之勇也。文王一怒而安天下之民。[6]《书》曰：‘天降下民，作之君，作之师。惟曰其助上帝，宠之四方。有罪无罪，惟我在，天下曷敢有越厥志？’一人衡行于天下，武王耻之。此武王之勇也。而武王亦一怒而安天下之民。[7]今王亦一怒而安天下之民，民惟恐王之不好勇也。”[8]

【朱子集注】

[1] 獯，音熏。鬻，音育。句，音钩。〇仁人之心，宽洪恻怛，而无较计大小强弱之私。故小国虽或不恭，而吾所以字之之心自不能已。智者明义理，识时势。故大国虽见侵陵，而吾所以事之之礼尤不敢废。汤事见后篇。文王事见《诗・大雅》。大王事见后章。所谓狄人，即獯鬻也。句践，越王名。事见《国语》、《史记》。

[2] 乐，音洛。〇天者，理而已矣。大之字小，小之事大，皆理之当然也。自然合理，故曰乐天。不敢违理，故曰畏天。包含遍覆，无不周遍，保天下之气象也。制节谨度，不敢纵逸，保一国之规模也。

[3]《诗・周颂・我将》之篇。时，是也。

[4] 言以好勇，故不能事大而恤小也。

[5] 夫抚之夫，音扶。恶，平声。〇疾视，怒目而视也。小勇，血气所为。大勇，义理所发。

[6]《诗・大雅・皇矣》篇。赫，赫然怒貌。爰，于也。旅，众也。遏，《诗》作按，止也。徂，往也。莒，《诗》作旅。徂旅，谓密人侵阮徂共之众也。笃，厚也。祜，福也。对，答也，以答天下仰望之心也。此文王之大勇也。

[7] 衡，与横同。〇《书・周书・大誓》之篇也。然所引与今《书》文小异，今且依此解之。宠之四方，宠异之于四方也。有罪者，我得而诛之；无罪者，我得而安之。我既在此，则天下何敢有过越其心志而作乱者乎？衡行，谓作乱也。孟子释《书》意如此，而言武王亦大勇也。

[8] 王若能如文、武之为，则天下之民望其一怒以除暴乱，而拯己于水火之中，惟恐王之不好勇耳。〇此章言人君能惩小忿，则能恤小事大，以交邻国；能养大勇，则能除暴救民，以安天下。张敬夫曰：“小勇者，血气之怒也。大勇者，理义之怒也。血气之怒不可有，理义之怒不可无。知此，则可以见性情之正，而识天理、人欲之分矣。”

齐宣王见孟子于雪宫。王曰："贤者亦有此乐乎？"孟子对曰："有。人不得，则非其上矣。[1]不得而非其上者，非也；为民上而不与民同乐者，亦非也。[2]乐民之乐者，民亦乐其乐；忧民之忧者，民亦忧其忧。乐以天下，忧以天下，然而不王者，未之有也。[3]昔者齐景公问于晏子曰：'吾欲观于转附、朝儛，遵海而南，放于琅邪。吾何修而可以比于先王观也？'[4]晏子对曰：'善哉问也！天子适诸侯曰巡狩，巡狩者，巡所守也。诸侯朝于天子曰述职，述职者，述所职也。无非事者。春省耕而补不足，秋省敛而助不给。夏谚曰："吾王不游，吾何以休？吾王不豫，吾何以助？一游一豫，为诸侯度。"[5]今也不然：师行而粮食，饥者弗食，劳者弗息。睊睊胥谗，民乃作慝。方命虐民，饮食若流。流连荒亡，为诸侯忧。[6]从流下而忘反谓之流，从流上而忘反谓之连，从兽无厌谓之荒，乐酒无厌谓之亡。[7]先王无流连之乐，荒亡之行。[8]惟君所行也。'[9]景公说，大戒于国，出舍于郊。于是始兴发补不足。召太师曰：'为我作君臣相说之乐！'盖《徵招》、《角招》是也。其诗曰：'畜君何尤？'畜君者，好君也。"[10]

【朱子集注】

[1] 乐，音洛，下同。○雪宫，离宫名。言人君能与民同乐，则人皆有此乐。不然，则下之不得此乐者，必有非其君上之心。明人君当与民同乐，不可使人有不得者，非但当与贤者共之而已也。

[2] 下不安分，上不恤民，皆非理也。

[3] 乐民之乐而民乐其乐，则乐以天下矣；忧民之忧而民忧其忧，则

忧以天下矣。

[4] 朝，音潮。放，上声。○晏子，齐臣，名婴。转附、朝儛，皆山名也。遵，循也。放，至也。琅邪，齐东南境上邑名。观，游也。

[5] 狩，舒救反。省，悉井反。○述，陈也。省，视也。敛，收获也。给，亦足也。夏谚，夏时之俗语也。豫，乐也。巡所守，巡行诸侯所守之土也。述所职，陈其所受之职也。皆无有无事而空行者。而又春秋循行郊野，察民之所不足而补助之。故夏谚以为王者一游一豫，皆有恩惠以及民，而诸侯皆取法焉，不敢无事慢游以病其民也。

[6] 睊，古县反。○今，谓晏子时也。师，众也，二千有五百人为师。《春秋传》曰："君行师从。"粮，谓糗糒之属。睊睊，侧目貌。胥，相也。谗，谤也。慝，怨恶也，言民不胜其劳而起谤怨也。方，逆也。命，王命也。若流，如水之流，无穷极也。流连荒亡，解见下文。诸侯，谓附庸之国、县邑之长。

[7] 厌，平声。○此释上文之义也。从流下，谓放舟随水而下。从流上，谓挽舟逆水而上。从兽，田猎也。荒，废也。乐酒，以饮酒为乐也。亡，犹失也，言废时失事也。

[8] 行，去声。

[9] 言先王之法，今时之弊，二者惟在君所行耳。

[10] 说，音悦。为，去声。乐，如字。徵，陟里反。招，与韶同。畜，敕六反。○戒，告命也。出舍，自责以省民也。兴发，发仓廪也。太师，乐官也。君臣，己与晏子也。乐有五声，三曰角为民，四曰徵为事。《招》，舜乐也。其诗，《徵招》、《角招》之诗也。尤，过也。言晏子能畜止其君之欲，宜为君之所尤，然其心则何过哉？孟子释之，以为臣能畜止其君之欲，乃是爱其君者也。○尹氏曰："君之与民，贵贱虽不同，然其心未始有异也。孟子之言，可谓深切矣。齐王不能推而用之，惜哉！"

齐宣王问曰："人皆谓我毁明堂。毁诸？已乎？"[1]孟子对曰："夫明堂者，王者之堂也。王欲行王政，则勿毁之矣。"[2]王曰："王政可得闻与？"对曰："昔者文王之治岐也，耕者九一，仕者世禄，关市讥而不征，泽梁无禁，罪人不孥。老而无妻曰鳏，老而无夫曰寡，老而无子曰独，幼而无父曰孤。此四者，天下之穷民而无告者。文王发政施仁，必先斯四者。《诗》云：'哿矣富人，哀此茕独。'"[3]王曰："善哉言乎！"曰："王如善之，则何为不行？"王曰："寡人有疾，寡人好货。"对曰："昔者公刘好货。《诗》云：'乃积乃仓。乃裹餱粮，于橐于囊。思戢用光。弓矢斯张，干戈戚扬，爰方启行。'故居者有积仓，行者有裹粮也，然后可以爰方启行。王如好货，与百姓同之，于王何有？"[4]王曰："寡人有疾，寡人好色。"对曰："昔者大王好色，爱厥妃。《诗》云：'古公亶甫，来朝走马，率西水浒，至于岐下。爰及姜女，聿来胥宇。'当是时也，内无怨女，外无旷夫。王如好色，与百姓同之，于王何有？"[5]

【朱子集注】

[1] 赵氏曰："明堂，太山明堂。周天子东巡守朝诸侯之处，汉时遗址尚在。人欲毁之者，盖以天子不复巡守，诸侯又不当居之也。王问当毁之乎？且止乎？"

[2] 夫，音扶。○明堂，王者所居以出政令之所也。能行王政，则亦可以王矣，何必毁哉？

[3] 与，平声。孥，音奴。鳏，姑顽反。哿，工可反。茕，音琼。○岐，周之旧国也。九一者，井田之制也。方一里为一井，其田九百亩。中画井字，界为九区。一区之中，为田百亩。中百亩为公田，外八百亩为私田。八家各受私田百亩，而同养公田，是九分而税其一也。世禄者，先

王之世，仕者之子孙皆教之，教之而成材则官之。如不足用，亦使之不失其禄。盖其先世尝有功德于民，故报之如此，忠厚之至也。关，谓道路之关。市，谓都邑之市。讥，察也。征，税也。关市之吏，察异服异言之人，而不征商贾之税也。泽，谓潴水。梁，谓鱼梁。与民同利，不设禁也。孥，妻子也。恶恶止其身，不及妻子也。先王养民之政：导其妻子，使之养其老而恤其幼。不幸而有鳏寡孤独之人，无父母妻子之养，则尤宜怜恤，故必以为先也。《诗·小雅·正月》之篇。哿，可也。茕，困悴貌。

［4］餱，音侯。橐，音托。戢，《诗》作辑，音集。○王自以为好货，故取民无制，而不能行此王政。公刘，后稷之曾孙也。《诗·大雅·公刘》之篇。积，露积也。餱，干粮也。无底曰橐，有底曰囊，皆所以盛餱粮也。戢，安集也。言思安集其民人，以光大其国家也。戚，斧也。扬，钺也。爰，于也。启行，言往迁于豳也。何有，言不难也。孟子言公刘之民富足如此，是公刘好货，而能推己之心以及民也。今王好货，亦能如此，则其于王天下也，何难之有？

［5］大，音泰。○王又言此者，好色则心志蛊惑，用度奢侈，而不能行王政也。大王，公刘九世孙。《诗·大雅·绵》之篇也。古公，大王之本号，后乃追尊为大王也。亶甫，大王名也。来朝走马，避狄人之难也。率，循也。浒，水涯也。岐下，岐山之下也。姜女，大王之妃也。胥，相也。宇，居也。旷，空也。无怨旷者，是大王好色，而能推己之心以及民也。○杨氏曰："孟子与人君言，皆所以扩充其善心而格其非心，不止就事论事。若使为人臣者论事每如此，岂不能尧、舜其君乎？"愚谓此篇自首章至此，大意皆同。盖钟鼓、苑囿、游观之乐，与夫好勇、好货、好色之心，皆天理之所有，而人情之所不能无者。然天理人欲，同行异情。循理而公于天下者，圣贤之所以尽其性也；纵欲而私于一己者，众人之所以灭其天也。二者之间，不能以发，而其是非得失之归，相去远矣。故孟子因时君之问，而剖析于几微之际，皆所以遏人欲而存天理。其法似疏而实密，其事似易而实难。学者以身体之，则有以识其非曲学阿世之言，而知

所以克己复礼之端矣。

孟子谓齐宣王曰："王之臣有托其妻子于其友，而之楚游者。比其反也，则冻馁其妻子，则如之何？"王曰："弃之。"[1]曰："士师不能治士，则如之何？"王曰："已之。"[2]曰："四境之内不治，则如之何？"王顾左右而言他。[3]

【朱子集注】

[1] 比，必二反。○托，寄也。比，及也。弃，绝也。

[2] 士师，狱官也。其属有乡士、遂士之官，士师皆当治之。已，罢去也。

[3] 治，去声。○孟子将问此而先设上二事以发之，及此而王不能答也。其惮于自责，耻于下问如此，不足与有为可知矣。○赵氏曰："言君臣上下各勤其任，无堕其职，乃安其身。"

孟子见齐宣王，曰："所谓故国者，非谓有乔木之谓也，有世臣之谓也。王无亲臣矣，昔者所进，今日不知其亡也。"[1]王曰："吾何以识其不才而舍之？"[2]曰："国君进贤，如不得已。将使卑逾尊，疏逾戚，可不慎与？[3]左右皆曰贤，未可也；诸大夫皆曰贤，未可也；国人皆曰贤，然后察之；见贤焉，然后用之。左右皆曰不可，勿听；诸大夫皆曰不可，勿听；国人皆曰不可，然后察之；见不可焉，然后去之。[4]左右皆曰可杀，勿听；诸大夫皆曰可杀，勿听；国人皆曰可杀，然后察之；见可杀焉，然后杀之。故曰，国人杀之也。[5]如此，然后可以为民父母。"[6]

【朱子集注】

[1] 世臣,累世勋旧之臣,与国同休戚者也。亲臣,君所亲信之臣,与君同休戚者也。此言乔木、世臣,皆故国所宜有。然所以为故国者,则在此而不在彼也。昨日所进用之人,今日有亡去而不知者,则无亲臣矣。况世臣乎?

[2] 舍,上声。○王意以为此亡去者,皆不才之人。我初不知而误用之,故今不以其去为意耳。因问何以先识其不才而舍之邪?

[3] 与,平声。○如不得已,言谨之至也。盖尊尊亲亲,礼之常也。然或尊者亲者未必贤,则必进疏远之贤而用之。是使卑者逾尊,疏者逾戚,非礼之常,故不可不谨也。

[4] 去,上声。○左右近臣,其言固未可信。诸大夫之言,宜可信矣,然犹恐其蔽于私也。至于国人,则其论公矣,然犹必察之者,盖人有同俗而为众所悦者,亦有特立而为俗所憎者。故必自察之,而亲见其贤否之实,然后从而用舍之,则于贤者知之深,任之重,而不才者不得以幸进矣。所谓进贤如不得已者如此。

[5] 此言非独以此进退人才,至于用刑,亦以此道。盖所谓天命天讨,皆非人君之所得私也。

[6] 传曰:"民之所好好之,民之所恶恶之,此之谓民之父母。"

齐宣王问曰:"汤放桀,武王伐纣,有诸?"孟子对曰:"于传有之。"[1]曰:"臣弑其君,可乎?"[2]曰:"贼仁者谓之贼,贼义者谓之残,残贼之人谓之一夫。闻诛一夫纣矣,未闻弑君也。"[3]

【朱子集注】

[1] 传,直恋反。○放,置也。《书》云:"成汤放桀于南巢。"

[2] 桀、纣,天子;汤、武,诸侯。

［3］贼，害也。残，伤也。害仁者，凶暴淫虐，灭绝天理，故谓之贼。害义者，颠倒错乱，伤败彝伦，故谓之残。一夫，言众叛亲离，不复以为君也。《书》曰："独夫纣。"盖四海归之，则为天子；天下叛之，则为独夫。所以深警齐王，垂戒后世也。○王勉曰："斯言也，惟在下者有汤、武之仁，而在上者有桀、纣之暴则可。不然，是未免于篡弑之罪也。"

孟子见齐宣王，曰："为巨室，则必使工师求大木。工师得大木，则王喜，以为能胜其任也。匠人斫而小之，则王怒，以为不胜其任矣。夫人幼而学之，壮而欲行之，王曰'姑舍女所学而从我'，则何如？[1]今有璞玉于此，虽万镒，必使玉人雕琢之。至于治国家，则曰'姑舍女所学而从我'，则何以异于教玉人雕琢玉哉？"[2]

【朱子集注】

［1］胜，平声。夫，音扶。舍，上声。女，音汝，下同。○巨室，大宫也。工师，匠人之长。匠人，众工人也。姑，且也。言贤人所学者大，而王欲小之也。

［2］镒，音溢。○璞，玉之在石中者。镒，二十两也。玉人，玉工也。不敢自治而付之能者，爱之甚也。治国家则徇私欲而不任贤，是爱国家不如爱玉也。○范氏曰："古之贤者，常患人君不能行其所学；而世之庸君，亦常患贤者不能从其所好。是以君臣相遇，自古以为难。孔、孟终身而不遇，盖以此耳。"

齐人伐燕，胜之。[1]宣王问曰："或谓寡人勿取，或谓寡人取之。以万乘之国伐万乘之国，五旬而举之，人力不至于此。不取，必有天殃。取之，何如？"[2]孟子对曰："取之而燕民悦，则取之。古之人有行之者，武王是也。取之而燕民不悦，则勿取。古之人有行之者，文王是也。[3]以万乘之国伐万乘之国，箪食壶浆，以迎王师。岂有他哉？避水火也。如水益深，如火益热，亦运而已矣。"[4]

【朱子集注】

［1］按：《史记》，燕王哙让国于其相子之，而国大乱。齐因伐之。燕士卒不战，城门不闭，遂大胜燕。

［2］乘，去声。下同。○以伐燕为宣王事，与《史记》诸书不同，已见《序说》。

［3］商纣之世，文王三分天下有其二，以服事商。至武王十三年，乃伐纣而有天下。张子曰："此事间不容发。一日之间，天命未绝，则是君臣。当日命绝，则为独夫。然命之绝否，何以知之？人情而已。诸侯不期而会者八百，武王安得而止之哉？"

［4］箪，音丹。食，音嗣。○箪，竹器。食，饭也。运，转也。言齐若更为暴虐，则民将转而望救于他人矣。○赵氏曰："征伐之道，当顺民心。民心悦，则天意得矣。"

齐人伐燕，取之。诸侯将谋救燕。宣王曰："诸侯多谋伐寡人者，何以待之？"孟子对曰："臣闻七十里为政于天下者，汤是也。未闻以千里畏人者也。[1]《书》曰：'汤一征，自葛始。'天下信之。'东面而征，西夷怨；南面而征，北狄怨。曰：奚为后我？'民望之，若大旱之望云霓也。归市者不止，耕者不变。诛其君而吊其民，若时雨降，民大悦。《书》曰：'徯我后，后来其苏。'[2]今燕虐其民，王往而征之，民以为将拯己于水火之中也，箪食壶浆，以迎王师。若杀其父兄，系累其子弟，毁其宗庙，迁其重器，如之何其可也？天下固畏齐之强也。今又倍地而不行仁政，是动天下之兵也。[3]王速出令，反其旄倪，止其重器，谋于燕众，置君而后去之，则犹可及止也。”[4]

【朱子集注】

[1] 千里畏人，指齐王也。

[2] 霓，五稽反。徯，胡礼反。○两引《书》，皆《商书·仲虺之诰》文也。与今《书》文亦小异。一征，初征也。天下信之，信其志在救民，不为暴也。奚为后我，言汤何为不先来征我之国也。霓，虹也。云合则雨，虹见则止。变，动也。徯，待也。后，君也。苏，复生也。他国之民，皆以汤为我君，而待其来，使己得苏息也。此言汤之所以七十里而为政于天下也。

[3] 累，力追反。○拯，救也。系累，絷缚也。重器，宝器也。畏，忌也。倍地，并燕而增一倍之地也。齐之取燕，若能如汤之征葛，则燕人悦之，而齐可为政于天下矣。今乃不行仁政而肆为残虐，则无以慰燕民之望而服诸侯之心，是以不免乎以千里而畏人也。

[4] 旄与耄同。倪，五稽反。○反，还也。旄，老人也。倪，小儿也。谓所虏略之老小也。犹，尚也。及止，及其未发而止之也。○范氏曰：“孟子事齐、梁之君，论道德则必称尧、舜，论征伐则必称汤、武。盖治民不法尧、舜，则是为暴；行师不法汤、武，则是为乱。岂可谓吾君不能，而舍所学以徇之哉？”

邹与鲁閧。穆公问曰：“吾有司死者三十三人，而民莫之死也。诛之，则不可胜诛；不诛，则疾视其长上之死而不救，如之何则可也？”[1]孟子对曰：“凶年饥岁，君之民老弱转乎沟壑，壮者散而之四方者，几千人矣；而君之仓廪实，府库充，有司莫以告，是上慢而残下也。曾子曰：‘戒之戒之！出乎尔者，反乎尔者也。’夫民今而后得反之也。君无尤焉！[2]君行仁政，斯民亲其上、死其长矣。”[3]

【朱子集注】

[1] 閧，胡弄反。胜，平声。长，上声，下同。○閧，斗声也。穆公，邹君也。不可胜诛，言人众不可尽诛也。长上，谓有司也。民怨其上，故疾视其死而不救也。

[2] 几，上声。夫，音扶。○转，饥饿辗转而死也。充，满也。上，谓君及有司也。尤，过也。

[3] 君不仁而求富，是以有司知重敛而不知恤民。故君行仁政，则有司皆爱其民，而民亦爱之矣。○范氏曰：“《书》曰：‘民惟邦本，本固邦宁。’有仓廪府库，所以为民也。丰年则敛之，凶年则散之，恤其饥寒，救其疾苦。是以民亲爱其上，有危难则赴救之，如子弟之卫父兄，手足之捍头目也。穆公不能反已，犹欲归罪于民，岂不误哉？”

滕文公问曰：“滕，小国也，间于齐、楚。事齐乎？事楚乎？”[1]孟子对曰：“是谋非吾所能及也。无已，则有一焉：凿斯池也，筑斯城也，与民守之，效死而民弗去，则是可为也。”[2]

【朱子集注】

[1] 间，去声。○滕，国名。

[2] 无已，见前篇。一，谓一说也。效，犹致也。国君死社稷，故致死以守国。至于民亦为之死守而不去，则非有以深得其心者不能也。○此章言有国者当守义而爱民，不可侥幸而苟免。

滕文公问曰："齐人将筑薛，吾甚恐。如之何则可？"[1]孟子对曰："昔者大王居邠，狄人侵之，去之岐山之下居焉。非择而取之，不得已也。[2]苟为善，后世子孙必有王者矣。君子创业垂统，为可继也。若夫成功，则天也。君如彼何哉？强为善而已矣。"[3]

【朱子集注】

[1] 薛，国名，近滕。齐取其地而城之，故文公以其偪已而恐也。

[2] 邠与豳同。○邠，地名。言大王非以岐下为善，择取而居之也。详见下章。

[3] 夫，音扶。强，上声。○创，造。统，绪也。言能为善，则如大王虽失其地，而其后世遂有天下，乃天理也。然君子造基业于前，而垂统绪于后，但能不失其正，令后世可继续而行耳。若夫成功，则岂可必乎？彼，齐也。君之力既无如之何，则但强于为善，使其可继而俟命于天耳。○此章言人君但当竭力于其所当为，不可侥幸于其所难必。

滕文公问曰："滕，小国也。竭力以事大国，则不得免焉。如之何则可？"孟子对曰："昔者大王居邠，狄人侵之。事之以皮币，不得免焉；事之以犬马，不得免焉；事之以珠玉，不得免焉。乃属其耆老而告之曰：'狄人之所欲者，吾土地也。吾闻之也：君子不以其所以养人者害人。二三子何患乎无君？我将去之。'去邠，逾梁山，邑于岐山之下居焉。邠人曰：'仁人也，不可失也。'从之者如归市。[1]或曰：'世守也，非身之所能为也。效死勿去。'[2]君请择于斯二者。"[3]

【朱子集注】

[1] 属，音烛。○皮，谓虎、豹、麋、鹿之皮也。币，帛也。属，会集也。土地本生物以养人，今争地而杀人，是以其所以养人者害人也。邑，作邑也。归市，人众而争先也。

[2] 又言：或谓土地乃先人所受而世守之者，非己所能专。但当致死守之，不可舍去。此国君死社稷之常法。传所谓"国灭，君死之，正也"，正谓此也。

[3] 能如大王则避之，不能则谨守常法。盖迁国以图存者，权也；守正而俟死者，义也。审己量力，择而处之可也。○杨氏曰："孟子之于文公，始告之以效死而已，礼之正也。至其甚恐，则以大王之事告之，非得已也。然无大王之德而去，则民或不从，而遂至于亡，则又不若效死之为愈。故又请择于斯二者。"又曰："孟子所论，自世俗观之，则可谓无谋矣。然理之可为者，不过如此。舍此则必为仪、秦之为矣。凡事求可，功求成。取必于智谋之末而不循天理之正者，非圣贤之道也。"

鲁平公将出，嬖人臧仓者请曰："他日君出，则必命有司所之。今乘舆已驾矣，有司未知所之。敢请。"公曰："将见孟子。"曰："何哉？君所为轻身以先于匹夫者，以为贤乎？礼义由贤者出，而孟子之后丧逾前丧。君无见焉！"公曰："诺。"[1] 乐正子入见，曰："君奚为不见孟轲也？"曰："或告寡人曰：'孟子之后丧逾前丧'，是以不往见也。"曰："何哉，君所谓逾者？前以士，后以大夫；前以三鼎，而后以五鼎与？"曰："否。谓棺椁衣衾之美也。"曰："非所谓逾也，贫富不同也。"[2] 乐正子见孟子，曰："克告于君，君为来见也。嬖人有臧仓者沮君，君是以不果来也。"曰："行或使之，止或尼之。行止非人所能也。吾之不遇鲁侯，天也，臧氏之子焉能使予不遇哉?”[3]

【朱子集注】

[1] 乘,去声。○乘舆,君车也。驾,驾马也。孟子前丧父,后丧母。逾,过也,言其厚母薄父也。诺,应辞也。

[2] 入见之见,音现。与,平声。○乐正子,孟子弟子也,仕于鲁。三鼎,士祭礼。五鼎,大夫祭礼。

[3] 为,去声。沮,慈吕反。尼,女乙反。焉,於虔反。○克,乐正子名。沮、尼,皆止之之意也。言人之行,必有人使之者。其止,必有人尼之者。然其所以行所以止,则固有天命,而非此人所能使,亦非此人所能尼也。然则我之不遇,岂臧仓之所能为哉?○此章言圣贤之出处,关时运之盛衰,乃天命之所为,非人力之可及。

卷第三

公孙丑上

公孙丑问曰："夫子当路于齐，管仲、晏子之功，可复许乎？"[1]孟子曰："子诚齐人也，知管仲、晏子而已矣。[2]或问乎曾西曰：'吾子与子路孰贤？'曾西蹵然曰：'吾先子之所畏也。'曰：'然则吾子与管仲孰贤？'曾西艴然不悦，曰：'尔何曾比予于管仲？管仲得君，如彼其专也；行乎国政，如彼其久也；功烈，如彼其卑也。尔何曾比予于是？'"[3]曰："管仲，曾西之所不为也，而子为我愿之乎？"[4]曰："管仲以其君霸，晏子以其君显。管仲、晏子犹不足为与？"[5]曰："以齐王，由反手也。"[6]曰："若是，则弟子之惑滋甚。且以文王之德，百年而后崩，犹未洽于天下；武王、周公继之，然后大行。今言王若易然，则文王不足法与？"[7]曰："文王何可当也？由汤至于武丁，贤圣之君六七作，天下归殷久矣，久则难变也。武丁朝诸侯、有天下，犹运之掌也。纣之去武丁未久也，其故家遗俗，流风善政，犹有存者；又有微子、微仲、王子比干、箕子、胶鬲，皆贤人也，相与辅相之，故久而后失之也。尺地莫非其有也，一民莫非其臣也，然而文王犹方百里起，是以难也。[8]齐人有言曰：'虽有智慧，不如乘势；虽有镃基，不如待时。'今时则易然也。[9]夏后、殷、周之盛，地未有过千里者也，而齐有其地矣；鸡鸣狗吠相闻，而达乎四境，而齐有其民矣。地不改辟矣，民不改聚矣，行仁政而王，莫之能御也。[10]且王者之不作，未有疏于此时者也；民之憔悴于虐政，未有甚于此时者也。饥者易为食，渴者易为饮。[11]孔子曰：'德之流行，速于置邮而传命。'[12]当今之时，万乘之国行仁政，民之悦之，犹解倒悬也。故事半古之人，功必倍之，惟此时为然。"[13]

【朱子集注】

[1] 复，扶又反。〇公孙丑，孟子弟子，齐人也。当路，居要地也。管仲，齐大夫，名夷吾，相桓公，霸诸侯。许，犹期也。孟子未尝得政，丑盖设辞以问也。

[2] 齐人但知其国有二子而已，不复知有圣贤之事。

[3] 蹵，子六反。艴，音拂，又音勃。曾，并音增。〇孟子引曾西与或人问答如此。曾西，曾子之孙。蹵，不安貌。先子，曾子也。艴，怒色也。曾之言则也。烈，犹光也。桓公独任管仲四十余年，是专且久也。管仲不知王道而行霸术，故言功烈之卑也。杨氏曰："孔子言子路之才，曰：'千乘之国，可使治其赋也。'使其见于施为，如是而已。其于九合诸侯，一匡天下，固有所不逮也。然则曾西推尊子路如此，而羞比管仲者何哉？譬之御者，子路则范我驰驱而不获者也；管仲之功，诡遇而获禽耳。曾西，仲尼之徒也，故不道管仲之事。"

[4] 子为之为，去声。〇曰，孟子言也。愿，望也。

[5] 与，平声。〇显，显名也。

[6] 王，去声。由、犹通。〇反手，言易也。

[7] 易，去声，下同。与，平声。滋，益也。文王九十七而崩，言百年，举成数也。文王三分天下才有其二；武王克商，乃有天下；周公相成王，制礼作乐，然后教化大行。

[8] 朝，音潮。鬲，音隔，又音历。辅相之相，去声。犹方之犹，与由通。○当，犹敌也。商自成汤至于武丁，中间太甲、太戊、祖乙、盘庚皆贤圣之君。作，起也。自武丁至纣凡九世。故家，旧臣之家也。

[9] 镃，音兹。○镃基，田器也。时，谓耕种之时。

[10] 辟与闢同。○此言其势之易也。三代盛时，王畿不过千里，今齐已有之，异于文王之百里。又鸡犬之声相闻，自国都以至于四境，言民居稠密也。

[11] 此言其时之易也。自文、武至此七百余年，异于商之贤圣继作；民苦虐政之甚，异于纣之犹有善政。易为饮食，言饥渴之甚，不待甘美也。

[12] 邮，音尤。○置，驿也。邮，驲也。所以传命也。孟子引孔子之言如此。

[13] 乘，去声。○倒悬，喻困苦也。所施之事半于古人，而功倍于古人，由时势易而德行速也。

公孙丑问曰："夫子加齐之卿相，得行道焉，虽由此霸王，不异矣。如此，则动心否乎？"孟子曰："否。我四十不动心。"[1]曰："若是，则夫子过孟贲远矣。"曰："是不难。告子先我不动心。"[2]曰："不动心有道乎？"曰："有。"[3]北宫黝之养勇也，不肤挠，不目逃，思以一毫挫于人，若挞之于市朝。不受于褐宽博，亦不受于万乘之君。视刺万乘之君，若刺褐夫。无严诸侯。恶声至，必反之。[4]孟施舍之所养勇也，曰：'视不胜犹胜也。量敌而后进，虑胜而后会，是畏三军者也。舍岂能为必胜哉？能无惧而已矣。'[5]孟施舍似曾子，北宫黝似子夏。夫二子之勇，未知其孰贤，然而孟施舍守约也。[6]昔者曾子谓子襄曰：'子好勇乎？吾尝闻大勇于夫子矣：自反而不缩，虽褐宽博，吾不惴焉；自反而缩，虽千万人，吾往矣。'[7]孟施舍之守气，又不如曾子之守约也。"[8]曰："敢问夫子之不动心，与告子之不动心，可得闻与？""告子曰：'不得于言，勿求于心；不得于心，勿求于气。'不得于心，勿求于气，可；不得于言，勿求于心，不可。夫志，气之帅也；气，体之充也。夫志至焉，气次焉。故曰：'持其志，无暴其气。'"[9]"既曰'志至焉，气次焉'，又曰'持其志，无暴其气'者，何也？"曰："志壹则动气，气壹则动志也。今夫蹶者趋者，是气也，而反动其心。"[10]"敢问夫子恶乎长？"曰："我知言，我善养吾浩然之气。"[11]"敢问何谓浩然之气？"曰："难言也。[12]其为气也，至大至刚，以直养而无害，则塞于天地之间。[13]其为气也，配义与道；无是，馁也。[14]是集义所生者，非义袭而取之也。行有不慊于心，则馁矣。我故曰，告子未尝知义，以其外之也。[15]必有事焉而勿正，心勿忘，勿助长也。无若宋人然。宋人有闵其苗之不长而揠之者，芒芒然归。谓其人曰：'今日病矣，予助苗长矣。'其子趋而往视之，苗则槁矣。天下之不助苗长者寡矣。以为无益而舍之者，不耘苗者也；助之长者，揠苗者也。非徒无益，而又害之。"[16]"何谓知言？"曰："诐辞知其所蔽，淫辞知其所陷，邪辞知其所离，遁辞知其所穷。生于其心，害于其政；发于其政，害于其事。圣人复起，必从吾言矣。"[17]"宰我、子贡善为说辞，冉牛、闵子、颜渊善言德行。孔子兼之，曰：'我于辞命，则不能也。'然则夫子既圣矣乎？"[18]曰："恶！是何言也？昔者子贡问于孔子曰：'夫子圣矣乎？'孔子曰：'圣则吾不能，我学不厌而教不倦也。’子贡曰：‘学不厌，智也；教不倦，仁也。仁且智，夫子既圣矣！’夫圣，孔子不居，是何言也？”[19]“昔者窃闻之：子夏、子游、子张皆有圣人之一体，冉牛、闵子、颜渊则具体而微。敢问所安？”[20]曰：“姑舍是。”[21]曰：“伯夷、伊尹何如？”曰：“不同道。非其君不事，非其民不使，治则进，乱则退，伯夷也。何事非君，何使非民，治亦进，乱亦进，伊尹也。可以仕则仕，可以止则止，可以久则久，可以速则速，孔子也。皆古圣人也。吾未能有行焉，乃所愿，则学孔子也。”[22]“伯夷、伊尹于孔子，若是班乎？”曰：“否。自有生民以来，未有孔子也。”[23]曰：“然则有同与？”曰：“有。得百里之地而君之，皆能以朝诸侯、有天下。行一不义、杀一不辜而得天下，皆不为也。是则同。”[24]曰：“敢问其所以异？”曰：“宰我、子贡、有若，智足以知圣人。污，不至阿其所好。[25]宰我曰：‘以予观于夫子，贤于尧、舜远矣。’[26]子贡曰：‘见其礼而知其政，闻其乐而知其德。由百世之后，等百世之王，莫之能违也。自生民以来，未有夫子也。’[27]有若曰：‘岂惟民哉？麒麟之于走兽，凤凰之于飞鸟，太山之于丘垤，河海之于行潦，类也。圣人之于民，亦类也。出于其类，拔乎其萃，自生民以来，未有盛于孔子也。’”[28]

【朱子集注】

[1] 相，去声。〇此承上章，又设问孟子，若得位而行道，则虽由此而成霸王之业，亦不足怪。任大责重如此，亦有所恐惧疑惑而动其心乎？四十强仕，君子道明德立之时。孔子四十而不惑，亦不动心之谓。

[2] 贲，音奔。〇孟贲，勇士。告子，名不害。孟贲血气之勇，丑盖

借之以赞孟子"不动心"之难。孟子言告子未为知道，乃能先我不动心，则此亦未足为难也。

[3] 程子曰："心有主，则能不动矣。"

[4] 黝，伊纠反。挠，奴效反。朝，音潮。乘，去声。○北宫，姓；黝，名。肤挠，肌肤被刺而挠屈也。目逃，目被刺而转睛逃避也。挫，犹辱也。褐，毛布。宽博，宽大之衣，贱者之服也。不受者，不受其挫也。刺，杀也。严，畏惮也。言无可畏惮之诸侯也。黝盖刺客之流，以必胜为主，而不动心者也。

[5] 舍，去声，下同。○孟，姓。施，发语声。舍，名也。会，合战也。舍自言其战虽不胜，亦无所惧。若量敌虑胜而后进战，则是无勇而畏三军矣。舍盖力战之士，以无惧为主，而不动心者也。

[6] 夫，音扶。○黝务敌人，舍专守己。子夏笃信圣人，曾子反求诸己。故二子之与曾子、子夏虽非等伦，然论其气象，则各有所似。贤，犹胜也。约，要也。言论二子之勇，则未知谁胜；论其所守，则舍比于黝为得其要也。

[7] 好，去声。惴，之瑞反。○此言曾子之勇也。子襄，曾子弟子也。夫子，孔子也。缩，直也。《檀弓》曰："古者冠缩缝，今也衡缝。"又曰："棺束缩二衡三。"惴，恐惧之也。往，往而敌之也。

[8] 言孟施舍虽似曾子，然其所守乃一身之气，又不如曾子之反身循理，所守尤得其要也。孟子之不动心，其原盖出于此，下文详之。

[9] 闻与之与，平声。夫志之夫，音扶。○此一节，公孙丑之问，孟子诵告子之言，又断以己意而告之也。告子谓：于言有所不达，则当舍置其言，而不必反求其理于心；于心有所不安，则当力制其心，而不必更求其助于气。此所以固守其心而不动之速也。孟子既诵其言而断之曰，彼谓不得于心而勿求诸气者，急于本而缓其末，犹之可也；谓不得于言而不求诸心，则既失于外而遂遗其内，其不可也必矣。然凡曰可者，亦仅可而有所未尽之辞耳。若论其极，则志固心之所之，而为气之将帅；然气亦人之所以充满于身，而为志之卒徒者也。故志固为至极，而气即次之。人

固当敬守其志，然亦不可不致养其气。盖其内外本末，交相培养。此则孟子之心所以未尝必其不动，而自然不动之大略也。

[10] 夫，音扶。○公孙丑见孟子言志至而气次，故问：如此，则专持其志可矣，又言无暴其气，何也？壹，专一也。蹶，颠踬也。趋，走也。孟子言志之所向专一，则气固从之；然气之所在专一，则志亦反为之动。如人颠踬趋走，则气专在是而反动其心焉。所以既持其志，而又必无暴其气也。○程子曰："志动气者什九，气动志者什一。"

[11] 恶，平声。○公孙丑复问孟子之不动心所以异于告子如此者，有何所长而能然，而孟子又详告之以其故也。知言者，尽心知性，于凡天下之言，无不有以究极其理，而识其是非得失之所以然也。浩然，盛大流行之貌。气，即所谓体之充者。本自浩然，失养故馁，惟孟子为善养之以复其初也。盖惟知言，则有以明夫道义，而于天下之事无所疑；养气，则有以配夫道义，而于天下之事无所惧，此其所以当大任而不动心也。告子之学，与此正相反。其不动心，殆亦冥然无觉，悍然不顾而已尔。

[12] 孟子先言知言，而丑先问气者，承上文方论志气而言也。难言者，盖其心所独得，而无形声之验，有未易以言语形容者。故程子曰："观此一言，则孟子之实有是气可知矣。"

[13] 至大，初无限量。至刚，不可屈挠。盖天地之正气，而人得以生者，其体段本如是也。惟其自反而缩，则得其所养，而又无所作为以害之，则其本体不亏而充塞无间矣。○程子曰："天人一也，更不分别。浩然之气，乃吾气也。养而无害，则塞乎天地。一为私意所蔽，则欿然而馁，知其小也。"谢氏曰："浩然之气，须于心得其正时识取。"又曰："浩然，是无亏欠时。"

[14] 馁，奴罪反。○配者，合而有助之意。义者，人心之裁制。道者，天理之自然。馁，饥乏而气不充体也。言人能养成此气，则其气合乎道义而为之助，使其行之勇决，无所疑惮。若无此气，则其一时所为虽未必不出于道义，然其体有所不充，则亦不免于疑惧，而不足以有为矣。

[15] 慊，口簟反，又口劫反。○集义，犹言积善，盖欲事事皆合于义

也。袭，掩取也，如齐侯袭莒之袭。言气虽可以配乎道义，而其养之之始，乃由事皆合义，自反常直，是以无所愧怍，而此气自然发生于中，非由只行一事偶合于义，便可掩袭于外而得之也。慊，快也，足也。言所行一有不合于义，而自反不直，则不足于心，而其体有所不充矣。然则义岂在外哉？告子不知此理，乃曰仁内义外，而不复以义为事，则必不能集义以生浩然之气矣。上文不得于言，勿求于心，即外义之意，详见《告子上篇》。

[16] 长，上声。揠，乌八反。舍，上声。○必有事焉而勿正，赵氏、程子以七字为句。近世或并下文“心”字读之者，亦通。必有事焉，有所事也，如“有事于颛臾”之有事。正，预期也。《春秋传》曰“战不正胜”是也。如作正心，义亦同。此与《大学》之所谓正心者语意自不同也。此言养气者，必以集义为事，而勿预期其效。其或未充，则但当勿忘其所有事，而不可作为以助其长，乃集义养气之节度也。闵，忧也。揠，拔也。芒芒，无知之貌。其人，家人也。病，疲倦也。舍之不耘者，忘其所有事。揠而助之长者，正之不得而妄有作为者也。然不耘则失养而已，揠则反以害之。无是二者，则气得其养而无所害矣。如告子不能集义，而欲强制其心，则必不能免于正助之病。其于所谓浩然者，盖不惟不善养，而又反害之矣。

[17] 诐，彼寄反。复，扶又反。○此公孙丑复问而孟子答之也。诐，偏陂也。淫，放荡也。邪，邪僻也。遁，逃避也。四者相因，言之病也。蔽，遮隔也。陷，沉溺也。离，叛去也。穷，困屈也。四者亦相因，则心之失也。人之有言，皆本于心。其心明乎正理而无蔽，然后其言平正通达而无病；苟为不然，则必有是四者之病矣。即其言之病，而知其心之失，又知其害于政事之决然而不可易者如此。非心通于道，而无疑于天下之理，其孰能之？彼告子者，不得于言而不肯求之于心，至为义外之说，则自不免于四者之病，其何以知天下之言而无所疑哉？○程子曰：“心通乎道，然后能辨是非，如持权衡以较轻重，孟子所谓知言是也。”又曰：“孟子知言，正如人在堂上，方能辨堂下人曲直。若犹未免杂于堂下

众人之中，则不能辨决矣。”

[18] 行，去声。○此一节，林氏以为皆公孙丑之问是也。说辞，言语也。德行，得于心而见于行事者也。三子善言德行者，身有之，故言之亲切而有味也。公孙丑言数子各有所长，而孔子兼之，然犹自谓不能于辞命。今孟子乃自谓我能知言，又善养气，则是兼言语、德行而有之，然则岂不既圣矣乎？此夫子，指孟子也。○程子曰：“孔子自谓不能于辞命者，欲使学者务本而已。”

[19] 恶，平声。夫圣之夫，音扶。○恶，惊叹辞也。昔者以下，孟子不敢当丑之言，而引孔子、子贡问答之辞以告之也。此夫子，指孔子也。学不厌者，智之所以自明；教不倦者，仁之所以及物。再言是何言也，以深拒之。

[20] 此一节，林氏亦以为皆公孙丑之问，是也。一体，犹一肢也。具体而微，谓有其全体但未广大耳。安，处也。公孙丑复问孟子，既不敢比孔子，则于此数子欲何所处也？

[21] 舍，上声。○孟子言且置是者，不欲以数子所至者自处也。

[22] 治，去声。○伯夷，孤竹君之长子。兄弟逊国，避纣隐居，闻文王之德而归之。及武王伐纣，去而饿死。伊尹，有莘之处士。汤聘而用之，使之就桀。桀不能用，复归于汤。如是者五，乃相汤而伐桀也。三圣人事，详见此篇之末及《万章下篇》。

[23] 班，齐等之貌。公孙丑问，而孟子答之以不同也。

[24] 与，平声。朝，音潮。○有，言有同也。以百里而王天下，德之盛也。行一不义、杀一不辜而得天下，有所不为，心之正也。圣人之所以为圣人，其本根节目之大者，惟在于此。于此不同，则亦不足以为圣人矣。

[25] 污，音蛙。好，去声。○污，下也。三子智足以知夫子之道。假使污下，必不阿私所好而空誉之，明其言之可信也。

[26] 程子曰：“语圣则不异，事功则有异。夫子贤于尧、舜，语事功也。盖尧、舜治天下，夫子又推其道以垂教万世。尧、舜之道，非得孔子，

则后世亦何所据哉?”

[27] 言大凡见人之礼,则可以知其政;闻人之乐,则可以知其德。是以我从百世之后,差等百世之王,无有能遁其情者,而见其皆莫若夫子之盛也。

[28] 垤,大结反。潦,音老。○麒麟,毛虫之长。凤凰,羽虫之长。垤,蚁封也。行潦,道上无源之水也。出,高出也。拔,特起也。萃,聚也。言自古圣人,固皆异于众人,然未有如孔子之尤盛者也。○程子曰:“《孟子》此章,扩前圣所未发,学者所宜潜心而玩索也。”

孟子曰:“以力假仁者霸,霸必有大国。以德行仁者王,王不待大。汤以七十里,文王以百里。[1]以力服人者,非心服也,力不赡也;以德服人者,中心悦而诚服也,如七十子之服孔子也。《诗》云:‘自西自东,自南自北,无思不服。’此之谓也。”[2]

【朱子集注】

[1] 力,谓土地甲兵之力。假仁者,本无是心,而借其事以为功者也。霸,若齐桓、晋文是也。以德行仁,则自吾之得于心者推之,无适而非仁也。

[2] 赡,足也。《诗·大雅·文王有声》之篇。王霸之心,诚伪不同,故人所以应之者,其不同亦如此。○邹氏曰:“以力服人者,有意于服人,而人不敢不服;以德服人者,无意于服人,而人不能不服。从古以来,论王霸者多矣,未有若此章之深切而著明也。”

孟子曰:“仁则荣,不仁则辱。今恶辱而居不仁,是犹恶湿而居下也。[1]如恶之,莫如贵德而尊士,贤者在位,能者在职。国家閒暇，及是时明其政刑。虽大国，必畏之矣。[2]《诗》云：'迨天之未阴雨，彻彼桑土，绸缪牖户。今此下民，或敢侮予？'孔子曰：'为此诗者，其知道乎！能治其国家，谁敢侮之？'[3]今国家閒暇，及是时般乐怠敖，是自求祸也。[4]祸福无不自己求之者。[5]《诗》云：'永言配命，自求多福。'《太甲》曰：'天作孽，犹可违；自作孽，不可活。'此之谓也。"[6]

【朱子集注】

[1] 恶，去声，下同。○好荣恶辱，人之常情。然徒恶之而不去其得之之道，不能免也。

[2] 閒，音闲。○此因其恶辱之情，而进之以强仁之事也。贵德，犹尚德也。士，则指其人而言之。贤，有德者，使之在位，则足以正君而善俗。能，有才者，使之在职，则足以修政而立事。国家闲暇，可以有为之时也。详味"及"字，则惟日不足之意可见矣。

[3] 彻，直列反。土，音杜。绸，音稠。缪，武彪反。○《诗·豳风·鸱鸮》之篇，周公之所作也。迨，及也。彻，取也。桑土，桑根之皮也。绸缪，缠绵补葺也。牖户，巢之通气出入处也。予，鸟自谓也。言我之备患详密如此，今此在下之人，或敢有侮予者乎？周公以鸟之为巢如此，比君之为国，亦当思患而预防之。孔子读而赞之，以为知道也。

[4] 般，音盘。乐，音洛。敖，音傲。○言其纵欲偷安，亦惟日不足也。

[5] 结上文之意。

[6] 孽，鱼列反。○《诗·大雅·文王》之篇。永，长也。言，犹念也。配，合也。命，天命也。此言福之自己求者。《太甲》，《商书》篇名。孽，祸也。违，避也。活，生也，《书》作逭。逭，犹缓也。此言祸之自己求者。

孟子曰："尊贤使能，俊杰在位，则天下之士皆悦而愿立于其朝矣。[1]市廛而不征，法而不廛，则天下之商皆悦而愿藏于其市矣。[2]关讥而不征，则天下之旅皆悦而愿出于其路矣。[3]耕者助而不税，则天下之农皆悦而愿耕于其野矣。[4]廛无夫里之布，则天下之民皆悦而愿为之氓矣。[5]信能行此五者，则邻国之民仰之若父母矣。率其子弟，攻其父母，自生民以来，未有能济者也。如此，则无敌于天下。无敌于天下者，天吏也。然而不王者，未之有也。"[6]

【朱子集注】

[1] 朝，音潮。○俊杰，才德之异于众者。

[2] 廛，市宅也。张子曰："或赋其市地之廛，而不征其货；或治之以市官之法，而不赋其廛。盖逐末者多则廛以抑之，少则不必廛也。"

[3] 解见前篇。

[4] 但使出力以助耕公田，而不税其私田也。

[5] 氓，音盲。○《周礼》："宅不毛者有里布。民无职事者，出夫家之征。"郑氏谓："宅不种桑麻者，罚之使出一里二十五家之布。民无常业者，罚之使出一夫百亩之税，一家力役之征也。"今战国时，一切取之。市宅之民，已赋其廛，又令出此夫里之布，非先王之法也。氓，民也。

[6] 吕氏曰："奉行天命，谓之天吏。废兴存亡，惟天所命，不敢不从，若汤、武是也。"○此章言能行王政，则寇戎为父子；不行王政，则赤子为仇雠。

孟子曰："人皆有不忍人之心。[1]先王有不忍人之心，斯有不忍人之政矣。以不忍人之心，行不忍人之政，治天下可运之掌上。[2]所以谓人皆有不忍人之心者，今人乍见孺子将入于井，皆有怵惕恻隐之心，非所以内交于孺子之父母也，非所以要誉于乡党朋友也，非恶其声而然也。[3]由是观之，无恻隐之心，非人也；无羞恶之心，非人也；无辞让之心，非人也；无是非之心，非人也。[4]恻隐之心，仁之端也；羞恶之心，义之端也；辞让之心，礼之端也；是非之心，智之端也。[5]人之有是四端也，犹其有四体也。有是四端而自谓不能者，自贼者也；谓其君不能者，贼其君者也。[6]凡有四端于我者，知皆扩而充之矣，若火之始然，泉之始达。苟能充之，足以保四海；苟不充之，不足以事父母。”[7]

【朱子集注】

[1] 天地以生物为心，而所生之物，因各得夫天地生物之心以为心，所以人皆有不忍人之心也。

[2] 言众人虽有不忍人之心，然物欲害之，存焉者寡，故不能察识而推之政事之间。惟圣人全体此心，随感而应，故其所行无非不忍人之政也。

[3] 怵，音黜。内，读为纳。要，平声。恶，去声，下同。○乍，犹忽也。怵惕，惊动貌。恻，伤之切也。隐，痛之深也。此即所谓不忍人之心也。内，结。要，求。声，名也。言乍见之时，便有此心，随见而发，非由此三者而然也。程子曰：“满腔子是恻隐之心。”谢氏曰：“人须是识其真心。方乍见孺子入井之时，其心怵惕，乃真心也。非思而得，非勉而中，天理之自然也。内交、要誉、恶其声而然，即人欲之私矣。”

[4] 恶，去声，下同。○羞，耻己之不善也。恶，憎人之不善也。辞，解使去己也。让，推以与人也。是，知其善而以为是也。非，知其恶而以为非也。人之所以为心，不外乎是四者，故因论恻隐而悉数之。言人若无此，则不得谓之人，所以明其必有也。

[5] 恻隐、羞恶、辞让、是非，情也。仁、义、礼、智，性也。心，统性情者也。端，绪也。因其情之发，而性之本然可得而见，犹有物在中而绪见于外也。

[6] 四体，四支，人之所必有者也。自谓不能者，物欲蔽之耳。

[7] 扩，音廓。○扩，推广之意。充，满也。四端在我，随处发见。知皆即此推广，而充满其本然之量，则其日新又新，将有不能自已者矣。能由此而遂充之，则四海虽远，亦吾度内，无难保者。不能充之，则虽事之至近而不能矣。○此章所论人之性情，心之体用，本然全具，而各有条理如此。学者于此，反求默识而扩充之，则天之所以与我者，可以无不尽矣。○程子曰："人皆有是心，惟君子为能扩而充之。不能然者，皆自弃也。然其充与不充，亦在我而已矣。"又曰："四端不言信者，既有诚心为四端，则信在其中矣。"愚按：四端之信，犹五行之土，无定位，无成名，无专气，而水、火、金、木，无不待是以生者。故土于四行无不在，于四时则寄王焉。其理亦犹是也。

孟子曰："矢人岂不仁于函人哉？矢人唯恐不伤人，函人唯恐伤人。巫、匠亦然。故术不可不慎也。[1]孔子曰：'里仁为美。择不处仁，焉得智？'夫仁，天之尊爵也，人之安宅也。莫之御而不仁，是不智也。[2]不仁、不智、无礼、无义，人役也。人役而耻为役，由弓人而耻为弓，矢人而耻为矢也。[3]如耻之，莫如为仁。[4]仁者如射，射者正己而后发。发而不中，不怨胜己者，反求诸己而已矣。"[5]

【朱子集注】

[1] 函，音含。○函，甲也。恻隐之心，人皆有之，是矢人之心，本非不如函人之仁也。巫者为人祈祝，利人之生。匠者作为棺椁，利人之死。

[2] 焉，於虔反。夫，音扶。○里有仁厚之俗者，犹以为美。人择所

以自处而不于仁，安得为智乎？此孔子之言也。仁、义、礼、智，皆天所与之良贵。而仁者天地生物之心，得之最先，而兼统四者，所谓元者善之长也，故曰尊爵。在人则为本心全体之德，有天理自然之安，无人欲陷溺之危。人当常在其中，而不可须臾离者也，故曰安宅。此又孟子释孔子之意，以为仁道之大如此，而自不为之，岂非不智之甚乎？

[3] 由，与犹通。〇以不仁，故不智。不智，故不知礼义之所在。

[4] 此亦因人愧耻之心而引之，使志于仁也。不言智、礼、义者，仁该全体，能为仁，则三者在其中矣。

[5] 中，去声。〇为仁由己，而由人乎哉？

孟子曰："子路，人告之以有过，则喜。[1] 禹闻善言，则拜。[2] 大舜有大焉，善与人同。舍己从人，乐取于人以为善。[3] 自耕、稼、陶、渔，以至为帝，无非取于人者。[4] 取诸人以为善，是与人为善者也。故君子莫大乎与人为善。"[5]

【朱子集注】

[1] 喜其得闻而改之，其勇于自修如此。周子曰："仲由喜闻过，令名无穷焉。今人有过，不喜人规，如讳疾而忌医，宁灭其身而无悟也。噫！"程子曰："子路，人告之以有过则喜，亦可谓百世之师矣。"

[2]《书》曰："禹拜昌言。"盖不待有过，而能屈己以受天下之善也。

[3] 舍，上声。乐，音洛。〇言舜之所为，又有大于禹与子路者。善与人同，公天下之善而不为私也。己未善，则无所系吝而舍以从人；人有善，则不待勉强而取之于己，此善与人同之目也。

[4] 舜之侧微，耕于历山，陶于河滨，渔于雷泽。

[5] 与，犹许也，助也。取彼之善而为之于我，则彼益劝于为善矣，是我助其为善也。能使天下之人皆劝于为善，君子之善，孰大于此？〇此章言圣贤乐善之诚，初无彼此之间。故其在人者有以裕于己，在己

者有以及于人。

孟子曰："伯夷，非其君不事，非其友不友，不立于恶人之朝，不与恶人言。立于恶人之朝，与恶人言，如以朝衣朝冠坐于涂炭。推恶恶之心，思与乡人立，其冠不正，望望然去之，若将浼焉。是故诸侯虽有善其辞命而至者，不受也。不受也者，是亦不屑就已。[1]柳下惠，不羞污君，不卑小官。进不隐贤，必以其道。遗佚而不怨，阨穷而不悯。故曰：'尔为尔，我为我，虽袒裼裸裎于我侧，尔焉能浼我哉？'故由由然与之偕而不自失焉，援而止之而止。援而止之而止者，是亦不屑去已。"[2]孟子曰："伯夷隘，柳下惠不恭。隘与不恭，君子不由也。"[3]

【朱子集注】

[1] 朝，音潮。恶恶，上去声，下如字。浼，莫罪反。〇涂，泥也。乡人，乡里之常人也。望望，去而不顾之貌。浼，污也。屑，赵氏曰："洁也。"《说文》曰："动作切切也。"不屑就，言不以就之为洁，而切切于是也。已，语助辞。

[2] 佚，音逸。袒，音但。裼，音锡。裸，鲁果反。裎，音程。焉能之焉，於虔反。〇柳下惠，鲁大夫展禽，居柳下而谥惠也。不隐贤，不枉道也。遗佚，放弃也。阨，困也。悯，忧也。尔为尔至焉能浼我哉，惠之言也。袒裼，露臂也。裸裎，露身也。由由，自得之貌。偕，并处也。不自失，不失其正也。援而止之而止者，言欲去而可留也。

[3] 隘，狭窄也。不恭，简慢也。夷、惠之行，固皆造乎至极之地，然既有所偏，则不能无弊，故不可由也。

卷第四

公孙丑下

孟子曰："天时不如地利，地利不如人和。[1]三里之城，七里之郭，环而攻之而不胜。夫环而攻之，必有得天时者矣，然而不胜者，是天时不如地利也。[2]城非不高也，池非不深也，兵革非不坚利也，米粟非不多也，委而去之，是地利不如人和也。[3]故曰：域民不以封疆之界，固国不以山溪之险，威天下不以兵革之利。得道者多助，失道者寡助。寡助之至，亲戚畔之；多助之至，天下顺之。[4]以天下之所顺，攻亲戚之所畔，故君子有不战，战必胜矣。"[5]

【朱子集注】

[1] 天时，谓时日支干、孤虚王相之属也。地利，险阻、城池之固也。人和，得民心之和也。

[2] 夫，音扶。○三里、七里，城郭之小者。郭，外城。环，围也。言四面攻围，旷日持久，必有值天时之善者。

[3] 革，甲也。粟，谷也。委，弃也。言不得民心，民不为守也。

[4] 域，界限也。

[5] 言不战则已，战则必胜。○尹氏曰："言得天下者，凡以得民心而已。"

孟子将朝王，王使人来曰："寡人如就见者也，有寒疾，不可以风。朝将视朝，不识可使寡人得见乎？”对曰：“不幸而有疾，不能造朝。”[1]明日，出吊于东郭氏。公孙丑曰：“昔者辞以病，今日吊，或者不可乎？”曰：“昔者疾，今日愈，如之何不吊？”[2]王使人问疾，医来。孟仲子对曰：“昔者有王命，有采薪之忧，不能造朝。今病小愈，趋造于朝，我不识能至否乎？”使数人要于路，曰：“请必无归，而造于朝！”[3]不得已而之景丑氏宿焉。景子曰：“内则父子，外则君臣，人之大伦也。父子主恩，君臣主敬。丑见王之敬子也，未见所以敬王也。”曰：“恶！是何言也！齐人无以仁义与王言者，岂以仁义为不美也？其心曰‘是何足与言仁义也’云尔，则不敬莫大乎是。我非尧、舜之道不敢以陈于王前，故齐人莫如我敬王也。”[4]景子曰：“否，非此之谓也。《礼》曰：‘父召，无诺。君命召，不俟驾。’固将朝也，闻王命而遂不果，宜与夫礼若不相似然。”[5]曰：“岂谓是与？曾子曰：‘晋、楚之富，不可及也。彼以其富，我以吾仁；彼以其爵，我以吾义，吾何慊乎哉？’夫岂不义而曾子言之？是或一道也。天下有达尊三：爵一，齿一，德一。朝廷莫如爵，乡党莫如齿，辅世长民莫如德。恶得有其一以慢其二哉？[6]故将大有为之君，必有所不召之臣。欲有谋焉，则就之。其尊德乐道，不如是不足与有为也。[7]故汤之于伊尹，学焉而后臣之，故不劳而王；桓公之于管仲，学焉而后臣之，故不劳而霸。[8]今天下地丑德齐，莫能相尚，无他，好臣其所教，而不好臣其所受教。[9]汤之于伊尹，桓公之于管仲，则不敢召。管仲且犹不可召，而况不为管仲者乎？”[10]

【朱子集注】

[1] 章内"朝"并音潮，惟朝将之"朝"如字。造，七到反，下同。○王，齐王也。孟子本将朝王，王不知而托疾以召孟子，故孟子亦以疾辞也。

[2] 东郭氏，齐大夫家也。昔者，昨日也。或者，疑辞。辞疾而出吊，与孔子不见孺悲取瑟而歌同意。

[3] 要，平声。○孟仲子，赵氏以为孟子之从昆弟，学于孟子者也。采薪之忧，言病不能采薪，谦辞也。仲子权辞以对，又使人要孟子，令勿归而造朝，以实己言。

[4] 恶，平声，下同。○景丑氏，齐大夫家也。景子，景丑也。恶，叹辞也。景丑所言，敬之小者也；孟子所言，敬之大者也。

[5] 夫，音扶，下同。○《礼》曰："父命呼，唯而不诺。"又曰："君命召，在官不俟屦，在外不俟车。"言孟子本欲朝王，而闻命中止，似与此礼之意不同也。

[6] 与，平声。慊，口簟反。长，上声。○慊，恨也，少也。或作嗛，字书以为口衔物也。然则慊亦但为心有所衔之义，其为快、为足、为恨、为少，则因其事而所衔有不同耳。孟子言我之意，非如景子之所言者。因引曾子之言，而云夫此岂是不义，而曾子肯以为言，是或别有一种道理也。达，通也。盖通天下之所尊，有此三者。曾子之说，盖以德言之也。今齐王但有爵耳，安得以此慢于齿、德乎？

[7] 乐，音洛。○大有为之君，大有作为，非常之君也。程子曰："古之人所以必待人君致敬尽礼而后往者，非欲自为尊大也，为是故耳。"

[8] 先从受学，师之也。后以为臣，任之也。

[9] 好，去声。○丑，类也。尚，过也。所教，谓听从于己，可役使者也。所受教，谓己之所从学者也。

[10] 不为管仲，孟子自谓也。范氏曰："孟子之于齐，处宾师之位，非当仕有官职者，故其言如此。"○此章见宾师不以趋走承顺为恭，而以责难陈善为敬；人君不以崇高富贵为重，而以贵德尊士为贤，则上下交而

德业成矣。

陈臻问曰："前日于齐，王馈兼金一百而不受；于宋，馈七十镒而受；于薛，馈五十镒而受。前日之不受是，则今日之受非也；今日之受是，则前日之不受非也。夫子必居一于此矣。"[1]孟子曰："皆是也。[2]当在宋也，予将有远行。行者必以赆，辞曰：'馈赆。'予何为不受？[3]当在薛也，予有戒心。辞曰：'闻戒。'故为兵馈之，予何为不受？[4]若于齐，则未有处也。无处而馈之，是货之也。焉有君子而可以货取乎？"[5]

【朱子集注】

[1] 陈臻，孟子弟子。兼金，好金也，其价兼倍于常者。一百，百镒也。

[2] 皆适于义也。

[3] 赆，徐刃反。○赆，送行者之礼也。

[4] 为兵之为，去声。○时人有欲害孟子者，孟子设兵以戒备之。薛君以金馈孟子，为兵备，辞曰："闻子之有戒心也。"

[5] 焉，於虔反。○无远行、戒心之事，是未有所处也。取，犹致也。○尹氏曰："言君子之辞受取予，惟当于理而已。"

孟子之平陆，谓其大夫曰："子之持戟之士，一日而三失伍，则去之否乎？"曰："不待三。"[1]"然则子之失伍也亦多矣。凶年饥岁，子之民，老羸转于沟壑，壮者散而之四方者，几千人矣。"曰："此非距心之所得为也。"[2]曰："今有受人之牛羊而为之牧之者，则必为之求牧与刍矣。求牧与刍而不得，则反诸其人乎？抑亦立而视其死与？”曰：“此则距心之罪也。”[3]他日，见于王曰：“王之为都者，臣知五人焉。知其罪者，惟孔距心。为王诵之。”王曰：“此则寡人之罪也。”[4]

【朱子集注】

[1] 去，上声。〇平陆，齐下邑也。大夫，邑宰也。戟，有枝兵也。士，战士也。伍，行列也。去之，杀之也。

[2] 几，上声。〇子之失伍，言其失职，犹士之失伍也。距心，大夫名。对言此乃王之失政使然，非我所得专为也。

[3] 为，去声。死与之与，平声。〇牧之，养之也。牧，牧地也。刍，草也。孟子言若不得自专，何不致其事而去。

[4] 见，音现。为王之为，去声。〇为都，治邑也。邑有先君之庙曰都。孔，大夫姓也。为王诵其语，欲以讽晓王也。〇陈氏曰：“孟子一言而齐之君臣举知其罪，固足以兴邦矣。然而齐卒不得为善国者，岂非说而不绎，从而不改故耶？”

孟子谓蚳鼃曰：“子之辞灵丘而请士师，似也，为其可以言也。今既数月矣，未可以言与？”[1]蚳鼃谏于王而不用，致为臣而去。[2]齐人曰：“所以为蚳鼃，则善矣；所以自为，则吾不知也。”[3]公都子以告。[4]曰：“吾闻之也：有官守者，不得其职则去；有言责者，不得其言则去。我无官守，我无言责也，则吾进退，岂不绰绰然有余裕哉？”[5]

【朱子集注】

[1] 蚳，音迟。鼃，乌花反。为，去声。与，平声。〇蚳鼃，齐大夫也。灵丘，齐下邑。似也，言所为近似有理。可以言，谓士师近王，得以

谏刑罚之不中者。

[2] 致，犹还也。

[3] 为，去声。〇讥孟子道不行而不能去也。

[4] 公都子，孟子弟子也。

[5] 官守，以官为守者。言责，以言为责者。绰绰，宽貌。裕，宽意也。孟子居宾师之位，未尝受禄。故其进退之际，宽裕如此。尹氏曰："进退久速，当于理而已。"

孟子为卿于齐，出吊于滕，王使盖大夫王驩为辅行。王驩朝暮见，反齐、滕之路，未尝与之言行事也。[1]公孙丑曰："齐卿之位，不为小矣；齐、滕之路，不为近矣。反之而未尝与言行事，何也？"曰："夫既或治之，予何言哉？"

【朱子集注】

[1] 盖，古盍反。见，音现。〇盖，齐下邑也。王驩，王嬖臣也。辅行，副使也。反，往而还也。行事，使事也。

[2] 夫，音扶。〇王驩盖摄卿以行，故曰齐卿。夫既或治之，言有司已治之矣。孟子之待小人，不恶而严如此。

孟子自齐葬于鲁，反于齐，止于嬴。充虞请曰："前日不知虞之不肖，使虞敦匠事。严，虞不敢请。今愿窃有请也，木若以美然。"[1]曰："古者棺椁无度，中古棺七寸，椁称之。自天子达于庶人。非直为观美也，然后尽于人心。[2]不得，不可以为悦；无财，不可以为悦。得之为有财，古之人皆用之，吾何为独不然？[3]且比化者，无使土亲肤，于人心独无恔乎？[4]吾闻之：君子不以天下俭其亲。"[5]

【朱子集注】

[1] 孟子仕于齐，丧母，归葬于鲁。嬴，齐南邑。充虞，孟子弟子，尝董治作棺之事者也。严，急也。木，棺木也。以、已通。以美，太美也。

[2] 称，去声。○度，厚薄尺寸也。中古，周公制礼时也。椁称之，与棺相称也。欲其坚厚久远，非特为人观视之美而已。

[3] 不得，谓法制所不当得。得之为有财，言得之而又为有财也。或曰："为当作而。"

[4] 比，必二反。恔，音效。○比，犹为也。化者，死者也。恔，快也。言为死者不使土近其肌肤，于人子之心，岂不快然无所恨乎？

[5] 送终之礼，所当得为而不自尽，是为天下爱惜此物，而薄于吾亲也。

沈同以其私问曰："燕可伐与？"孟子曰："可。子哙不得与人燕，子之不得受燕于子哙。有仕于此，而子悦之，不告于王而私与之吾子之禄爵。夫士也，亦无王命而私受之于子，则可乎？何以异于是？"[1] 齐人伐燕。或问曰："劝齐伐燕，有诸？"曰："未也。沈同问'燕可伐与'？吾应之曰'可'，彼然而伐之也。彼如曰'孰可以伐之'？则将应之曰'为天吏，则可以伐之'。今有杀人者，或问之曰'人可杀与'？则将应之曰'可'。彼如曰'孰可以杀之'？则将应之曰'为士师，则可以杀之'。今以燕伐燕，何为劝之哉？"[2]

【朱子集注】

[1] 伐与之与，平声；下伐与、杀与同。夫，音扶。○沈同，齐臣。以私问，非王命也。子哙、子之，事见前篇。诸侯、土地、人民，受之天子，传之先君。私以与人，则与者、受者皆有罪也。仕，为官也。士，即从仕之人也。

[2] 天吏，解见上篇。言齐无道，与燕无异，如以燕伐燕也。《史记》亦谓孟子劝齐伐燕，盖传闻此说之误。○杨氏曰："燕固可伐矣，故孟子曰可。使齐王能诛其君，吊其民，何不可之有？乃杀其父兄，虏其子弟，而后燕人畔之。乃以是归咎孟子之言，则误矣。"

燕人畔。王曰："吾甚惭于孟子。"[1] 陈贾曰："王无患焉。王自以为与周公孰仁且智？"王曰："恶！是何言也？"曰："周公使管叔监殷，管叔以殷畔。知而使之，是不仁也；不知而使之，是不智也。仁、智，周公未之尽也，而况于王乎？贾请见而解之。"[2] 见孟子，问曰："周公何人也？"曰："古圣人也。"曰："使管叔监殷，管叔以殷畔也，有诸？"曰："然。"曰："周公知其将畔而使之与？"曰："不知也。""然则圣人且有过与？"曰："周公，弟也；管叔，兄也。周公之过，不亦宜乎？[3] 且古之君子，过则改之；今之君子，过则顺之。古之君子，其过也，如日月之食，民皆见之；及其更也，民皆仰之。今之君子，岂徒顺之，又从为之辞。"[4]

【朱子集注】

[1] 齐破燕后二年，燕人共立太子平为王。

[2] 恶、监，皆平声。○陈贾，齐大夫也。管叔，名鲜，武王弟，周公兄也。武王胜商杀纣，立纣子武庚，而使管叔与弟蔡叔、霍叔监其国。武王崩，成王幼，周公摄政。管叔与武庚畔，周公讨而诛之。

[3] 与，平声。○言周公乃管叔之弟，管叔乃周公之兄，然则周公不知管叔之将畔而使之，其过有所不免矣。或曰："周公之处管叔，不如舜之处象，何也？"游氏曰："象之恶已著，而其志不过富贵而已，故舜得以是而全之。若管叔之恶则未著，而其志其才皆非象比也，周公讵忍逆探其

兄之恶而弃之耶？周公爱兄，宜无不尽者。管叔之事，圣人之不幸也。舜诚信而喜象，周公诚信而任管叔，此天理人伦之至，其用心一也。”

[4] 更，平声。○顺，犹遂也。更，改也。辞，辩也。更之则无损于明，故民仰之。顺而为之辞，则其过愈深矣。责贾不能勉其君以迁善改过，而教之以遂非文过也。○林氏曰：“齐王惭于孟子，盖羞恶之心，有不能自已者。使其臣有能因是心而将顺之，则义不可胜用矣。而陈贾鄙夫，方且为之曲为辩说，而沮其迁善改过之心，长其饰非拒谏之恶，故孟子深责之。然此书记事，散出而无先后之次，故其说必参考而后通。若以第二篇十章、十一章置于前章之后、此章之前，则孟子之意，不待论说而自明矣。”

孟子致为臣而归。[1]王就见孟子，曰：“前日愿见而不可得，得侍同朝，甚喜。今又弃寡人而归，不识可以继此而得见乎？”对曰：“不敢请耳，固所愿也。”[2]他日，王谓时子曰：“我欲中国而授孟子室，养弟子以万钟，使诸大夫国人皆有所矜式。子盍为我言之？”[3]时子因陈子而以告孟子，陈子以时子之言告孟子。[4]孟子曰：“然。夫时子恶知其不可也？如使予欲富，辞十万而受万，是为欲富乎？[5]季孙曰：‘异哉子叔疑！使己为政，不用，则亦已矣，又使其子弟为卿。人亦孰不欲富贵？而独于富贵之中，有私龙断焉。’[6]古之为市也，以其所有，易其所无者，有司者治之耳。有贱丈夫焉，必求龙断而登之，以左右望而罔市利。人皆以为贱，故从而征之。征商，自此贱丈夫始矣。”[7]

【朱子集注】

[1] 孟子久于齐而道不行，故去也。

[2] 朝，音潮。

[3] 为，去声。○时子，齐臣也。中国，当国之中也。万钟，谷禄之数也。钟，量名，受六斛四斗。矜，敬也。式，法也。盍，何不也。

[4] 陈子，即陈臻也。

[5] 夫，音扶。恶，平声。○孟子既以道不行而去，则其义不可以复留，而时子不知，则又有难显言者。故但言设使我欲富，则我前日为卿，尝辞十万之禄，今乃受此万钟之馈，是我虽欲富，亦不为此也。

[6] 龙，音垄。○此孟子引季孙之语也。季孙、子叔疑，不知何时人。龙断，冈垄之断而高也，义见下文。盖子叔疑者尝不用，而使其子弟为卿。季孙讥其既不得于此，而又欲求得于彼，如下文贱丈夫登龙断者之所为也。孟子引此以明道既不行，复受其禄，则无以异此矣。

[7] 孟子释龙断之说如此。治之，谓治其争讼。左右望者，欲得此而又取彼也。罔，谓罔罗取之也。从而征之，谓人恶其专利，故就征其税，后世缘此遂征商人也。○程子曰："齐王所以处孟子者，未为不可，孟子亦非不肯为国人矜式者。但齐王实非欲尊孟子，乃欲以利诱之，故孟子拒而不受。"

孟子去齐，宿于昼。[1]有欲为王留行者，坐而言。不应，隐几而卧。[2]客不悦，曰："弟子齐宿而后敢言，夫子卧而不听，请勿复敢见矣。"曰："坐！我明语子。昔者鲁缪公无人乎子思之侧，则不能安子思；泄柳、申详，无人乎缪公之侧，则不能安其身。[3]子为长者虑，而不及子思，子绝长者乎？长者绝子乎？"[4]

【朱子集注】

[1] 昼，如字，或曰："当作画，音获。"下同。○昼，齐西南近邑也。

[2] 为，去声，下同。隐，於靳反。○隐，凭也。客坐而言，孟子不应

而卧也。

[3] 齐，侧皆反。复，扶又反。语，去声。〇齐宿，齐戒越宿也。缪公尊礼子思，常使人候伺道达诚意于其侧，乃能安而留之也。泄柳，鲁人。申详，子张之子也。缪公尊之不如子思，然二子义不苟容，非有贤者在其君之左右维持调护之，则亦不能安其身矣。

[4] 长，上声。〇长者，孟子自称也。言齐王不使子来，而子自欲为王留我，是所以为我谋者，不及缪公留子思之事，而先绝我也。我之卧而不应，岂为先绝子乎？

孟子去齐。尹士语人曰："不识王之不可以为汤、武，则是不明也；识其不可，然且至，则是干泽也。千里而见王，不遇故去。三宿而后出昼，是何濡滞也？士则兹不悦。"[1] 高子以告。[2] 曰："夫尹士恶知予哉？千里而见王，是予所欲也。不遇故去，岂予所欲哉？予不得已也。[3] 予三宿而后出昼，于予心犹以为速。王庶几改之。王如改诸，则必反予。[4] 夫出昼而王不予追也，予然后浩然有归志。予虽然，岂舍王哉？王由足用为善。王如用予，则岂徒齐民安，天下之民举安。王庶几改之，予日望之。[5] 予岂若是小丈夫然哉？谏于其君而不受，则怒，悻悻然见于其面，去则穷日之力而后宿哉？"[6] 尹士闻之，曰："士诚小人也。"[7]

【朱子集注】

[1] 语，去声。〇尹士，齐人也。干，求也。泽，恩泽也。濡滞，迟留也。

[2] 高子，亦齐人，孟子弟子也。

[3] 夫，音扶，下同。恶，平声。〇见王，欲以行道也。今道不行，故

不得已而去，非本欲如此也。

[4] 所改，必指一事而言，然今不可考矣。

[5] 浩然，如水之流不可止也。○杨氏曰："齐王天资朴实，如好勇、好货、好色、好世俗之乐，皆以直告而不隐于孟子，故足以为善。若乃其心不然，而谬为大言以欺人，是人终不可与入尧、舜之道矣，何善之能为？"

[6] 悻，形顶反。见，音现。○悻悻，怒意也。穷，尽也。

[7] 此章见圣贤行道济时，汲汲之本心；爱君泽民，惓惓之余意。李氏曰："于此见君子忧则违之之情，而荷蒉者所以为果也。"

孟子去齐。充虞路问曰："夫子若有不豫色然。前日虞闻诸夫子曰：'君子不怨天，不尤人。'"[1] 曰："彼一时，此一时也。[2] 五百年必有王者兴，其间必有名世者。[3] 由周而来，七百有余岁矣。以其数则过矣，以其时考之则可矣。[4] 夫天未欲平治天下也。如欲平治天下，当今之世，舍我其谁也？吾何为不豫哉？"[5]

【朱子集注】

[1] 路问，于路中问也。豫，悦也。尤，过也。此二句实孔子之言，盖孟子尝称之以教人耳。

[2] 彼，前日。此，今日。

[3] 自尧、舜至汤，自汤至文、武，皆五百余年而圣人出。名世，谓其人德业闻望可名于一世者，为之辅佐，若皋陶、稷、契、伊尹、莱朱、太公望、散宜生之属。

[4] 周，谓文、武之间。数，谓五百年之期。时，谓乱极思治可以有为之日。于是而不得一有所为，此孟子所以不能无不豫也。

[5] 夫，音扶。舍，上声。○言当此之时，而使我不遇于齐，是天未

欲平治天下也。然天意未可知,而其具又在我,我何为不豫哉?然则孟子虽若有不豫然者,而实未尝不豫也。盖圣贤忧世之志,乐天之诚,有并行而不悖者,于此见矣。

孟子去齐,居休。公孙丑问曰:"仕而不受禄,古之道乎?"[1]曰:"非也。于崇,吾得见王。退而有去志,不欲变,故不受也。[2]继而有师命,不可以请。久于齐,非我志也。"[3]

【朱子集注】

[1] 休,地名。

[2] 崇,亦地名。孟子始见齐王,必有所不合,故有去志。变,谓变其去志。

[3] 师命,师旅之命也。国既被兵,难请去也。○孔氏曰:"仕而受禄,礼也;不受齐禄,义也。义之所在,礼有时而变。公孙丑欲以一端裁之,不亦误乎?"

卷第五

滕文公上

滕文公为世子，将之楚，过宋而见孟子。[1]孟子道性善，言必称尧、舜。[2]世子自楚反，复见孟子。孟子曰："世子疑吾言乎？夫道一而已矣。[3]成覸谓齐景公曰：'彼丈夫也，我丈夫也，吾何畏彼哉？'颜渊曰：'舜何人也？予何人也？有为者亦若是。'公明仪曰：'文王我师也。周公岂欺我哉？'[4]今滕，绝长补短，将五十里也，犹可以为善国。《书》曰：'若药不瞑眩，厥疾不瘳。'"[5]

【朱子集注】

[1] 世子，太子也。

[2] 道，言也。性者，人所禀于天以生之理也，浑然至善，未尝有恶。人与尧、舜初无少异，但众人汩于私欲而失之，尧、舜则无私欲之蔽，而能充其性尔。故孟子与世子言，每道性善，而必称尧、舜以实之。欲其知仁义不假外求，圣人可学而至，而不懈于用力也。门人不能悉记其辞，而撮其大旨如此。程子曰："性即理也。天下之理，原其所自，未有不善。喜怒哀乐未发，何尝不善。发而中节，即无往而不善；发不中节，然后为不善。故凡言善恶，皆先善而后恶；言吉凶，皆先吉而后凶；言是非，皆先是而后非。"

[3] 复，扶又反。夫，音扶。○时人不知性之本善，而以圣贤为不可企及。故世子于孟子之言不能无疑，而复来求见，盖恐别有卑近易行之

说也。孟子知之，故但告之如此，以明古今圣愚本同一性，前言已尽，无复有它说也。

[4] 覸，古苋反。○成覸，人姓名。彼，谓圣贤也。有为者亦若是，言人能有为，则皆如舜也。公明，姓；仪，名；鲁贤人也。“文王我师也”，盖周公之言。公明仪亦以文王为必可师，故诵周公之言，而叹其不我欺也。孟子既告世子以道无二致，而复引此三言以明之，欲世子笃信力行，以师圣贤，不当复求他说也。

[5] 瞑，莫甸反。眩，音县。○绝，犹截也。《书·商书·说命》篇。瞑眩，愦乱。言滕国虽小，犹足为治，但恐安于卑近，不能自克，则不足以去恶而为善也。○愚按：孟子之言性善，始见于此，而详具于《告子》之篇。然默识而旁通之，则七篇之中，无非此理。其所以扩前圣之未发，而有功于圣人之门，程子之言信矣。

滕定公薨。世子谓然友曰：“昔者孟子尝与我言于宋，于心终不忘。今也不幸至于大故，吾欲使子问于孟子，然后行事。”[1]然友之邹，问于孟子。孟子曰：“不亦善乎！亲丧固所自尽也。曾子曰：‘生，事之以礼；死，葬之以礼，祭之以礼，可谓孝矣。’诸侯之礼，吾未之学也；虽然，吾尝闻之矣。三年之丧，齐疏之服，飦粥之食，自天子达于庶人，三代共之。”[2]然友反命，定为三年之丧。父兄百官皆不欲，曰：“吾宗国鲁先君莫之行，吾先君亦莫之行也，至于子之身而反之，不可。且《志》曰：‘丧祭从先祖。’”曰：“吾有所受之也。”[3]谓然友曰：“吾他日未尝学问，好驰马试剑。今也父兄百官不我足也，恐其不能尽于大事，子为我问孟子。”然友复之邹，问孟子。孟子曰：“然。不可以他求者也。孔子曰：‘君薨，听于冢宰。歠粥，面深墨。即位而哭，百官有司，莫敢不哀，先之也。’上有好者，下必有甚焉者矣。‘君子之德，风也；小人之德，草也。草尚之风必偃。’是在世子。”[4]然友反命。世子曰：“然。是诚在我。”五月居庐，未有命戒。百官族人，可谓曰知。及至葬，四方来观之，颜色之戚，哭泣之哀，吊者大悦。[5]

【朱子集注】

[1] 定公，文公父也。然友，世子之傅也。大故，大丧也。事，谓丧礼。

[2] 齐，音资。疏，所居反。飦，诸延反。○当时诸侯莫能行古丧礼，而文公独能以此为问，故孟子善之。又言父母之丧，固人子之心所自尽者，盖悲哀之情，痛疾之意，非自外至，宜乎文公于此有所不能自已也。但所引曾子之言，本孔子告樊迟者，岂曾子尝诵之以告其门人欤？三年之丧者，子生三年，然后免于父母之怀。故父母之丧，必以三年也。齐，衣下缝也。不缉曰斩衰，缉之曰齐衰。疏，粗也，粗布也。飦，糜也。丧礼：三日始食粥。既葬，乃疏食。此古今贵贱通行之礼也。

[3] 父兄，同姓老臣也。滕与鲁俱文王之后，而鲁祖周公为长，兄弟宗之，故滕谓鲁为宗国也。然谓二国不行三年之丧者，乃其后世之失，非周公之法本然也。《志》，记也，引《志》之言而释其意。以为所以如此者，盖为上世以来，有所传受，虽或不同，不可改也。然《志》所言，本谓先王之世，旧俗所传，礼文小异而可以通行者耳，不谓后世失礼之甚者也。

[4] 好、为，皆去声。复，扶又反。歠，川悦反。○不我足，谓不以我满足其意也。然者，然其“不我足”之言。不可他求者，言当责之于己。冢宰，六卿之长也。歠，饮也。深墨，甚黑色也。即，就也。尚，加也，《论语》作上，古字通也。偃，伏也。孟子言但在世子自尽其哀而已。

[5] 诸侯五月而葬。未葬，居倚庐于中门之外。居丧不言，故未有命令教戒也。可谓曰知，疑有阙误。或曰：“皆谓世子之知礼也。”○林氏

曰："孟子之时，丧礼既坏，然三年之丧，恻隐之心，痛疾之意，出于人心之所固有者，初未尝亡也。惟其溺于流俗之弊，是以丧其良心而不自知耳。文公见孟子而闻性善、尧、舜之说，则固有以启发其良心矣，是以至此而哀痛之诚心发焉。及其父兄百官皆不欲行，则亦反躬自责，悼其前行之不足以取信，而不敢有非其父兄百官之心。虽其资质有过人者，而学问之力，亦不可诬也。及其断然行之，而远近见闻无不悦服，则以人心之所同然者，自我发之，而彼之心悦诚服，亦有所不期然而然者。人性之善，岂不信哉？"

滕文公问为国。[1]孟子曰："民事不可缓也。《诗》云：'昼尔于茅，宵尔索绹。亟其乘屋，其始播百谷。'[2]民之为道也，有恒产者有恒心，无恒产者无恒心。苟无恒心，放辟邪侈，无不为已。及陷乎罪，然后从而刑之，是罔民也。焉有仁人在位，罔民而可为也？[3]是故贤君必恭俭礼下，取于民有制。[4]阳虎曰：'为富不仁矣，为仁不富矣。'[5]夏后氏五十而贡，殷人七十而助，周人百亩而彻，其实皆什一也。彻者，彻也。助者，藉也。[6]龙子曰：'治地莫善于助，莫不善于贡。'贡者，校数岁之中以为常。乐岁，粒米狼戾，多取之而不为虐，则寡取之；凶年，粪其田而不足，则必取盈焉。为民父母，使民盻盻然，将终岁勤动，不得以养其父母，又称贷而益之，使老稚转乎沟壑，恶在其为民父母也？[7]夫世禄，滕固行之矣。[8]《诗》云：'雨我公田，遂及我私。'惟助为有公田。由此观之，虽周亦助也。[9]设为庠序学校以教之。庠者，养也；校者，教也；序者，射也。夏曰校，殷曰序，周曰庠，学则三代共之，皆所以明人伦也。人伦明于上，小民亲于下。[10]

有王者起，必来取法，是为王者师也。[11]《诗》云：'周虽旧邦，其命惟新。'文王之谓也。子力行之，亦以新子之国。"[12]使毕战问井地。孟子曰："子之君将行仁政，选择而使子，子必勉之！夫仁政，必自经界始。经界不正，井地不钧，谷禄不平。是故暴君污吏必慢其经界。经界既正，分田制禄可坐而定也。[13]夫滕，壤地褊小，将为君子焉，将为野人焉。无君子莫治野人，无野人莫养君子。[14]请野九一而助，国中什一使自赋。[15]卿以下必有圭田，圭田五十亩。[16]余夫二十五亩。[17]死徙无出乡，乡田同井，出入相友，守望相助，疾病相扶持，则百姓亲睦。[18]方里而井，井九百亩，其中为公田。八家皆私百亩，同养公田。公事毕，然后敢治私事，所以别野人也。[19]此其大略也。若夫润泽之，则在君与子矣。"[20]

【朱子集注】

[1] 文公以礼聘孟子，故孟子至滕，而文公问之。

[2] 绹，音陶。亟，纪力反。〇民事，谓农事。《诗·豳风·七月》之篇。于，往取也。绹，绞也。亟，急也。乘，升也。播，布也。言农事至重，人君不可以为缓而忽之。故引《诗》言治屋之急如此者，盖以来春将复始播百谷，而不暇为此也。

[3] 音义并见前篇。

[4] 恭则能以礼接下，俭则能取民以制。

[5] 阳虎，阳货，鲁季氏家臣也。天理人欲，不容并立。虎之言此，恐为仁之害于富也；孟子引之，恐为富之害于仁也。君子小人，每相反而已矣。

[6] 彻，敕列反。藉，子夜反。〇此以下，乃言制民常产与其取之之制也。夏时一夫受田五十亩，而每夫计其五亩之入以为贡。商人始为井

田之制，以六百三十亩之地，画为九区，区七十亩。中为公田，其外八家各授一区，但借其力以助耕公田，而不复税其私田。周时一夫授田百亩。乡遂用贡法，十夫有沟；都鄙用助法，八家同井。耕则通力而作，收则计亩而分，故谓之彻。其实皆什一者，贡法固以十分之一为常数，惟助法乃是九一，而商制不可考。周制则公田百亩，中以二十亩为庐舍，一夫所耕公田实计十亩。通私田百亩，为十一分而取其一，盖又轻于十一矣。窃料商制亦当似此，而以十四亩为庐舍，一夫实耕公田七亩，是亦不过什一也。彻，通也，均也。藉，借也。

[7] 乐，音洛。盻，五礼反，从目从兮。或音普苋反者，非。养，去声。恶，平声。○龙子，古贤人，狼戾，犹狼藉，言多也。粪，拥也。盈，满也。盻，恨视也。勤动，劳苦也。称，举也。贷，借也。取物于人，而出息以偿之也。益之，以足取盈之数也。稚，幼子也。

[8] 夫，音扶。○孟子尝言文王治岐，耕者九一，仕者世禄，二者王政之本也。今世禄滕已行之，惟助法未行，故取于民者无制耳。盖世禄者，授之土田，使之食其公田之入，实与助法相为表里，所以使君子、野人各有定业，而上下相安者也，故下文遂言助法。

[9] 雨，于付反。○《诗·小雅·大田》之篇。雨，降雨也。言愿天雨于公田，而遂及私田，先公而后私也。当时助法尽废，典籍不存，惟有此诗，可见周亦用助，故引之也。

[10] 庠以养老为义，校以教民为义，序以习射为义，皆乡学也。学，国学也。共之，无异名也。伦，序也。父子有亲，君臣有义，夫妇有别，长幼有序，朋友有信，此人之大伦也。庠、序、学、校，皆以明此而已。

[11] 滕国褊小，虽行仁政，未必能兴王业。然为王者师，则虽不有天下，而其泽亦足以及天下矣。圣贤至公无我之心，于此可见。

[12]《诗·大雅·文王》之篇。言周虽后稷以来，旧为诸侯，其受天命而有天下，则自文王始也。子，指文公，诸侯未逾年之称也。

[13] 夫，音扶，○毕战，滕臣。文公因孟子之言，而使毕战主为井地之事，故又使之来问其详也。井地，即井田也。经界，谓治地分田，经画

其沟涂封植之界也。此法不修，则田无定分，而豪强得以兼并，故井地有不钧；赋无定法，而贪暴得以多取，故谷禄有不平。此欲行仁政者之所以必从此始，而暴君污吏则必欲慢而废之也。有以正之，则分田制禄，可不劳而定矣。

[14] 夫，音扶。养，去声。○言滕地虽小，然其间亦必有为君子而仕者，亦必有为野人而耕者，是以分田制禄之法，不可偏废也。

[15] 此分田制禄之常法，所以治野人使养君子也。野，郊外都鄙之地也。九一而助，为公田而行助法也。国中，郊门之内，乡遂之地也。田不井授，但为沟洫，使什而自赋其一，盖用贡法也。周所谓彻法者盖如此。以此推之，当时非惟助法不行，其贡亦不止什一矣。

[16] 此世禄常制之外，又有圭田，所以厚君子也。圭，洁也，所以奉祭祀也。不言世禄者，滕已行之，但此未备耳。

[17] 程子曰："一夫上父母，下妻子，以五口、八口为率，受田百亩。如有弟，是余夫也。年十六，别受田二十五亩，俟其壮而有室，然后更受百亩之田。"愚按：此百亩常制之外，又有余夫之田，以厚野人也。

[18] 死，谓葬也。徙，谓徙其居也。同井者，八家也。友，犹伴也。守望，防寇盗也。

[19] 养，去声。别，彼列反。○此详言井田形体之制，乃周之助法也。公田以为君子之禄，而私田野人之所受。先公后私，所以别君子、野人之分也。不言君子，据野人而言，省文耳。上言野及国中二法，此独详于治野者，国中贡法，当世已行，但取之过于什一尔。

[20] 夫，音扶。○井地之法，诸侯皆去其籍，此特其大略而已。润泽，谓因时制宜，使合于人情，宜于土俗，而不失乎先王之意也。○吕氏曰："子张子慨然有意三代之治。论治人先务，未始不以经界为急，讲求法制，粲然备具。要之可以行于今，如有用我者，举而措之耳。尝曰：'仁政必自经界始。贫富不均，教养无法，虽欲言治，皆苟而已。世之病难行者，未始不以亟夺富人之田为辞。然兹法之行，悦之者众。苟处之有术，期以数年，不刑一人而可复。所病者，特上之未行耳。'乃言曰：'纵不能

行之天下，犹可验之一乡。'方与学者议古之法，买田一方，画为数井。上不失公家之赋役，退以其私，正经界，分宅里，立敛法，广储蓄，兴学校，成礼俗，救灾恤患，厚本抑末。足以推先王之遗法，明当今之可行。有志未就而卒。"○愚按：丧礼、经界两章，见孟子之学，识其大者。是以虽当礼法废坏之后，制度节文不可复考，而能因略以致详，推旧而为新，不屑屑于既往之迹，而能合乎先王之意，真可谓命世亚圣之才矣。

有为神农之言者许行，自楚之滕，踵门而告文公曰："远方之人闻君行仁政，愿受一廛而为氓。"文公与之处，其徒数十人，皆衣褐，捆屦织席以为食。[1]陈良之徒陈相与其弟辛，负耒耜而自宋之滕，曰："闻君行圣人之政，是亦圣人也，愿为圣人氓。"[2]陈相见许行而大悦，尽弃其学而学焉。陈相见孟子，道许行之言曰："滕君，则诚贤君也。虽然，未闻道也。贤者与民并耕而食，饔飧而治。今也滕有仓廪府库，则是厉民而以自养也，恶得贤？"[3]孟子曰："许子必种粟而后食乎？"曰："然。""许子必织布而后衣乎？"曰："否。许子衣褐。""许子冠乎？"曰："冠。"曰："奚冠？"曰："冠素。"曰："自织之与？"曰："否。以粟易之。"曰："许子奚为不自织？"曰："害于耕。"曰："许子以釜甑爨，以铁耕乎？"曰："然。""自为之与？"曰："否。以粟易之。"[4]"以粟易械器者，不为厉陶冶。陶冶亦以其械器易粟者，岂为厉农夫哉？且许子何不为陶冶，舍皆取诸其宫中而用之？何为纷纷然与百工交易？何许子之不惮烦？"曰："百工之事，固不可耕且为也。"[5]"然则治天下独可耕且为与？有大人之事，有小人之事。且一人之身，而百工之所为备，如必自为而后用之，是率天下而路也。故曰:或劳心,或劳力。劳心者治人,劳力者治于人。治于人者食人,治人者食于人。天下之通义也。[6]当尧之时,天下犹未平,洪水横流,泛滥于天下。草木畅茂,禽兽繁殖,五谷不登,禽兽逼人。兽蹄鸟迹之道,交于中国。尧独忧之,举舜而敷治焉。舜使益掌火,益烈山泽而焚之,禽兽逃匿。禹疏九河,瀹济、漯,而注诸海;决汝、汉,排淮、泗,而注之江,然后中国可得而食也。当是时也,禹八年于外,三过其门而不入,虽欲耕,得乎?[7]后稷教民稼穑,树艺五谷,五谷熟而民人育。人之有道也,饱食、暖衣、逸居而无教,则近于禽兽。圣人有忧之,使契为司徒,教以人伦:父子有亲,君臣有义,夫妇有别,长幼有序,朋友有信。放勋曰:'劳之来之,匡之直之,辅之翼之,使自得之,又从而振德之。'圣人之忧民如此,而暇耕乎?[8]尧以不得舜为己忧,舜以不得禹、皋陶为己忧。夫以百亩之不易为己忧者,农夫也。[9]分人以财谓之惠,教人以善谓之忠,为天下得人者谓之仁。是故以天下与人易,为天下得人难。[10]孔子曰:'大哉尧之为君!惟天为大,惟尧则之,荡荡乎民无能名焉!君哉舜也!巍巍乎有天下而不与焉!'尧、舜之治天下,岂无所用其心哉?亦不用于耕耳。[11]吾闻用夏变夷者,未闻变于夷者也。陈良,楚产也,悦周公、仲尼之道,北学于中国。北方之学者,未能或之先也。彼所谓豪杰之士也。子之兄弟事之数十年,师死而遂倍之。[12]昔者孔子没,三年之外,门人治任将归,入揖于子贡,相向而哭,皆失声,然后归。子贡反,筑室于场,独居三年,然后归。他日,子夏、子张、子游以有若似圣人,欲以所事孔子事之，强曾子。曾子曰：'不可。江、汉以濯之，秋阳以暴之，皜皜乎不可尚已。'[13]今也南蛮鴃舌之人，非先王之道，子倍子之师而学之，亦异于曾子矣。[14]吾闻出于幽谷迁于乔木者，未闻下乔木而入于幽谷者。[15]《鲁颂》曰：'戎狄是膺，荆、舒是惩。'周公方且膺之，子是之学，亦为不善变矣。"[16]"从许子之道，则市贾不贰，国中无伪。虽使五尺之童适市，莫之或欺。布帛长短同，则贾相若；麻缕丝絮轻重同，则贾相若；五谷多寡同，则贾相若；屦大小同，则贾相若。"[17]曰："夫物之不齐，物之情也，或相倍蓰，或相什伯，或相千万。子比而同之，是乱天下也。巨屦、小屦同贾，人岂为之哉？从许子之道，相率而为伪者也，恶能治国家？"[18]

【朱子集注】

[1] 衣，去声。捆，音阃。○神农，炎帝神农氏，始为耒耜，教民稼穑者也。为其言者，史迁所谓农家者流也。许，姓；行，名也。踵门，足至门也。仁政，上章所言井地之法也。廛，民所居也。氓，野人之称。褐，毛布，贱者之服也。捆，扣豚之，欲其坚也。以为食，卖以供食也。程子曰："许行所谓神农之言，乃后世称述上古之事，失其义理者耳，犹阴阳、医方称黄帝之说也。"

[2] 陈良，楚之儒者。耜，所以起土。耒，其柄也。

[3] 饔，音雍。飧，音孙。恶，平声。○饔飧，熟食也。朝曰饔，夕曰飧。言当自炊爨以为食，而兼治民事也。厉，病也。许行此言，盖欲阴坏孟子分别君子、野人之法。

[4] 衣，去声。与，平声。○釜，所以煮。甑，所以炊。爨，然火也。铁，耜属也。此语八反，皆孟子问而陈相对也。

[5] 舍，去声。○此孟子言而陈相对也。械器，釜甑之属也。陶，为

瓿者。冶，为釜铁者。舍，止也，或读属上句。舍，谓作陶冶之处也。

[6] 与，平声。食，音嗣。○此以下皆孟子言也。路，谓奔走道路，无时休息也。治于人者，见治于人也。食人者，出赋税以给公上也。食于人者，见食于人也。此四句皆古语，而孟子引之也。君子无小人则饥，小人无君子则乱。以此相易，正犹农夫、陶冶以粟与械器相易，乃所以相济而非所以相病也。治天下者，岂必耕且为哉？

[7] 瀹，音药。济，子礼反。漯，他合反。○天下犹未平者，洪荒之世，生民之害多矣，圣人迭兴，渐次除治，至此尚未尽平也。洪，大也。横流，不由其道而散溢妄行也。泛滥，横流之貌。畅茂，长盛也。繁殖，众多也。五谷，稻、黍、稷、麦、菽也。登，成熟也。道，路也。兽蹄鸟迹交于中国，言禽兽多也。敷，布也。益，舜臣名。烈，炽也。禽兽逃匿，然后禹得施治水之功。疏，通也，分也。九河：曰徒骇，曰太史，曰马颊，曰覆釜，曰胡苏，曰简，曰洁，曰钩盘，曰鬲津。瀹，亦疏通之意。济、漯，二水名。决、排，皆去其壅塞也。汝、汉、淮、泗，亦皆水名也。据《禹贡》及今水路，惟汉水入江耳。汝、泗则入淮，而淮自入海。此谓四水皆入于江，记者之误也。

[8] 契，音薛。别，彼列反。长、放，皆上声。劳、来，皆去声。○言水土平，然后得以教稼穑；衣食足，然后得以施教化。后稷，官名，弃为之。然言教民，则亦非并耕矣。树，亦种也。艺，殖也。契，亦舜臣名也。司徒，官名也。人之有道，言其皆有秉彝之性也。然无教，则亦放逸怠惰而失之，故圣人设官而教以人伦，亦因其固有者而道之耳。《书》曰："天叙有典，敕我五典五惇哉。"此之谓也。放勋，本史臣赞尧之辞，孟子因以为尧号也。德，犹惠也。尧言，劳者劳之，来者来之，邪者正之，枉者直之，辅以立之，翼以行之，使自得其性矣，又从而提撕警觉以加惠焉，不使其放逸怠惰而或失之。盖命契之辞也。

[9] 夫，音扶。易，去声。○易，治也。尧、舜之忧民，非事事而忧之也，急先务而已。所以忧民者其大如此，则不惟不暇耕，而亦不必耕矣。

[10] 为、易，并去声。○分人以财，小惠而已。教人以善，虽有爱民

之实，然其所及亦有限而难久。惟若尧之得舜，舜之得禹、皋陶，乃所谓为天下得人者，而其恩惠广大，教化无穷矣，此其所以为仁也。

[11] 与，去声。○则，法也。荡荡，广大之貌。君哉，言尽君道也。巍巍，高大之貌。不与，犹曰不相关，言其不以位为乐也。

[12] 此以下，责陈相倍师而学许行也。夏，诸夏礼义之教也。变夷，变化蛮夷之人也。变于夷，反见变化于蛮夷之人也。产，生也。陈良生于楚，在中国之南，故北游而学于中国也。先，过也。豪杰，才德出众之称，言其能自拔于流俗也。倍，与背同。言陈良用夏变夷，陈相变于夷也。

[13] 任，平声。强，上声。暴，蒲木反。皜，音杲。○三年，古者为师心丧三年，若丧父而无服也。任，担也。场，冢上之坛场也。有若似圣人，盖其言行气象有似之者，如《檀弓》所记子游谓有若之言似夫子之类是也。所事孔子，所以事夫子之礼也。江、汉水多，言濯之洁也。秋日燥烈，言暴之干也。皜皜，洁白貌。尚，加也。言夫子道德明著，光辉洁白，非有若所能仿佛也。或曰："此三语者，孟子赞美曾子之辞也。"

[14] 鴃，亦作鵙，古役反。○鴃，博劳也，恶声之鸟。南蛮之声似之，指许行也。

[15]《小雅·伐木》之诗云："伐木丁丁，鸟鸣嘤嘤。出自幽谷，迁于乔木。"

[16]《鲁颂·閟宫》之篇也。膺，击也。荆，楚本号也。舒，国名，近楚者也。惩，艾也。按：今此诗为僖公之颂，而孟子以周公言之，亦断章取义也。

[17] 贾，音价，下同。○陈相又言许子之道如此。盖神农始为市井，故许行又托于神农而有是说也。五尺之童，言幼小无知也。许行欲使市中所粥之物，皆不论精粗美恶，但以长短、轻重、多寡、大小为价也。

[18] 夫，音扶。蓰，音师，又山绮反。比，必二反。恶，平声。○倍，一倍也。蓰，五倍也。什、伯、千、万，皆倍数也。比，次也。孟子言物之不齐，乃其自然之理，其有精粗，犹其有大小也。若大屦、小屦同价，则人

岂肯为其大者哉？今不论精粗，使之同价，是使天下之人皆不肯为其精者，而竞为滥恶之物以相欺耳。

墨者夷之，因徐辟而求见孟子。孟子曰："吾固愿见，今吾尚病，病愈，我且往见。"夷子不来！[1] 他日又求见孟子。孟子曰："吾今则可以见矣。不直，则道不见，我且直之。吾闻夷子墨者，墨之治丧也，以薄为其道也。夷子思以易天下，岂以为非是而不贵也？然而夷子葬其亲厚，则是以所贱事亲也。"[2]徐子以告夷子。夷子曰："儒者之道，古之人'若保赤子'，此言何谓也？之则以为爱无差等，施由亲始。"徐子以告孟子。孟子曰："夫夷子信以为人之亲其兄之子，为若亲其邻之赤子乎？彼有取尔也。赤子匍匐将入井，非赤子之罪也。且天之生物也，使之一本，而夷子二本故也。[3]盖上世尝有不葬其亲者。其亲死，则举而委之于壑。他日过之，狐狸食之，蝇蚋姑嘬之。其颡有泚，睨而不视。夫泚也，非为人泚，中心达于面目。盖归反蘽梩而掩之。掩之诚是也，则孝子仁人之掩其亲，亦必有道矣。"[4]徐子以告夷子。夷子怃然为间，曰："命之矣。"[5]

【朱子集注】

[1] 辟，音壁，又音闢。○墨者，治墨翟之道者。夷，姓；之，名。徐辟，孟子弟子。孟子称病，疑亦托辞以观其意之诚否。

[2] 不见之见，音现。○又求见，则其意已诚矣，故因徐辟以质之如此。直，尽言以相正也。庄子曰："墨子生不歌，死无服，桐棺三寸而无椁。"是墨之治丧，以薄为道也。易天下，谓移易天下之风俗也。夷子学

于墨氏而不从其教，其心必有所不安者，故孟子因以诘之。

［3］夫，音扶，下同。匍，音蒲，匐，蒲北反。〇“若保赤子”，《周书·康诰》篇文，此儒者之言也。夷子引之，盖欲援儒而入于墨，以拒孟子之非己。又曰“爱无差等，施由亲始”，则推墨而附于儒，以释己所以厚葬其亲之意，皆所谓遁辞也。孟子言人之爱其兄子与邻之子，本有差等。《书》之取譬，本为小民无知而犯法，如赤子无知而入井耳。且人物之生，必各本于父母而无二，乃自然之理，若天使之然也。故其爱由此立，而推以及人，自有差等。今如夷子之言，则是视其父母本无异于路人，但其施之之序，姑自此始耳。非二本而何哉？然其于先后之间，犹知所择，则又其本心之明有终不得而息者，此其所以卒能受命而自觉其非也。

［4］蚋，音汭。嘬，楚怪反。泚，七礼反。睨，音诣。为，去声。虆，力追反。梩，力知反。〇因夷子厚葬其亲而言此，以深明一本之意。上世，谓太古也。委，弃也。壑，山水所趋也。蚋，蚊属。姑，语助声，或曰蝼蛄也。嘬，攒共食之也。颡，额也。泚，泚然汗出之貌。睨，邪视也。视，正视也。不能不视，而又不忍正视，哀痛迫切，不能为心之甚也。非为人泚，言非为他人见之而然也。所谓一本者，于此见之，尤为亲切。盖惟至亲故如此，在他人，则虽有不忍之心，而其哀痛迫切，不至若此之甚矣。反，覆也。虆，土笼也。梩，土轝也。于是归而掩覆其亲之尸，此葬埋之礼所由起也。此掩其亲者，若所当然，则孝子仁人所以掩其亲者，必有其道，而不以薄为贵矣。

［5］怃，音武。间，如字。〇怃然，茫然自失之貌。为间者，有顷之间也。命，犹教也。言孟子已教我矣。盖因其本心之明，以攻其所学之蔽，是以吾之言易入，而彼之惑易解也。

卷第六

滕文公下

陈代曰："不见诸侯，宜若小然；今一见之，大则以王，小则以霸。且《志》曰：'枉尺而直寻'，宜若可为也。"[1] 孟子曰："昔齐景公田，招虞人以旌，不至，将杀之。'志士不忘在沟壑，勇士不忘丧其元'，孔子奚取焉？取非其招不往也。如不待其招而往，何哉？[2] 且夫枉尺而直寻者，以利言也。如以利，则枉寻直尺而利，亦可为与？[3] 昔者赵简子使王良与嬖奚乘，终日而不获一禽。嬖奚反命曰：'天下之贱工也。'或以告王良。良曰：'请复之。'强而后可，一朝而获十禽。嬖奚反命曰：'天下之良工也。'简子曰：'我使掌与女乘。'谓王良。良不可，曰：'吾为之范我驰驱，终日不获一；为之诡遇，一朝而获十。《诗》云："不失其驰，舍矢如破。"我不贯与小人乘，请辞。'[4] 御者且羞与射者比。比而得禽兽，虽若丘陵，弗为也。如枉道而从彼，何也？且子过矣，枉己者，未有能直人者也。"[5]

【朱子集注】

[1] 王，去声。〇陈代，孟子弟子也。小，谓小节也。枉，屈也。直，伸也。八尺曰寻。枉尺直寻，犹屈己一见诸侯，而可以致王霸，所屈者小，所伸者大也。

[2] 丧，去声。○田，猎也。虞人，守苑囿之吏也。招大夫以旌，招虞人以皮冠。元，首也。志士固穷，常念死无棺椁，弃沟壑而不恨。勇士轻生，常念战斗而死，丧其首而不顾也。此二句，乃孔子叹美虞人之言。夫虞人，招之不以其物，尚守死而不往，况君子，岂可不待其招而自往见之邪？此以上，告之以不可往见之意。

[3] 夫，音扶。与，平声。○此以下，正其所称枉尺直寻之非。夫所谓枉小而所伸者大则为之者，计其利耳。一有计利之心，则虽枉多伸少而有利，亦将为之邪？甚言其不可也。

[4] 乘，去声。强，上声。女，音汝。为，去声。舍，上声。○赵简子，晋大夫赵鞅也。王良，善御者也。嬖奚，简子幸臣。与之乘，为之御也。复之，再乘也。强而后可，嬖奚不肯，强之而后肯也。一朝，自晨至食时也。掌，专主也。范，法度也。诡遇，不正而与禽遇也。言奚不善射，以法驰驱则不获，废法诡遇而后中也。《诗·小雅·车攻》之篇。言御者不失其驰驱之法，而射者发矢皆中而力，今嬖奚不能也。贯，习也。

[5] 比，必二反。○比，阿党也。若丘陵，言多也。○或曰："居今之世，出处去就不必一一中节，欲其一一中节，则道不得行矣。"杨氏曰："何其不自重也？枉己其能直人乎？古之人宁道之不行，而不轻其去就，是以孔、孟虽在春秋、战国之时，而进必以正，以至终不得行而死也。使不恤其去就而可以行道，孔、孟当先为之矣。孔、孟岂不欲道之行哉？"

景春曰："公孙衍、张仪岂不诚大丈夫哉？一怒而诸侯惧，安居而天下熄。"[1] 孟子曰："是焉得为大丈夫乎？子未学礼乎？丈夫之冠也，父命之。女子之嫁也，母命之，往送之门，戒之曰：'往之女家，必敬必戒，无违夫子！'以顺为正者，妾妇之道也。[2] 居天下之广居，立天下之正位，行天下之大道。得志与民由之，不得志独行其道。富贵不能淫，贫贱不能移，威武不能屈。此之谓大丈夫。"[3]

【朱子集注】

[1] 景春，人姓名。公孙衍、张仪，皆魏人。怒则说诸侯使相攻伐，故诸侯惧也。

[2] 焉，於虔反。冠，去声。女家之女，音汝。○加冠于首曰冠。女家，夫家也。妇人内夫家，以嫁为归也。夫子，夫也。女子从人，以顺为正道也。盖言二子阿谀苟容，窃取权势，乃妾妇顺从之道耳，非丈夫之事也。

[3] 广居，仁也。正位，礼也。大道，义也。与民由之，推其所得于人也。独行其道，守其所得于己也。淫，荡其心也。移，变其节也。屈，挫其志也。○何叔京曰："战国之时，圣贤道否，天下不复见其德业之盛。但见奸巧之徒，得志横行，气焰可畏，遂以为大丈夫。不知由君子观之，是乃妾妇之道耳，何足道哉！"

周霄问曰："古之君子仕乎？"孟子曰："仕。传曰：'孔子三月无君，则皇皇如也，出疆必载质。'公明仪曰：'古之人，三月无君则吊。'"[1]"三月无君则吊，不以急乎？"[2]曰："士之失位也，犹诸侯之失国家也。《礼》曰：'诸侯耕助，以共粢盛。夫人蚕缫，以为衣服。牺牲不成，粢盛不洁，衣服不备，不敢以祭。惟士无田，则亦不祭。'牲杀、器皿、衣服不备，不敢以祭，则不敢以宴，亦不足吊乎？"[3]"出疆必载质，何也？"[4]曰："士之仕也，犹农夫之耕也。农夫岂为出疆舍其耒耜哉？"[5]曰："晋国亦仕国也，未尝闻仕如此其急。仕如此其急也，君子之难仕，何也？"曰："丈夫生而愿为之有室，女子生而愿为之有家。父母之心，人皆有之。不待父母之命、媒妁之言，钻穴隙相窥，逾墙相从，则父母、国人皆贱之。古之人未尝不欲仕也，又恶不由其道。不由其道而往者，与钻穴隙之类也。”[6]

【朱子集注】

[1] 传，直恋反。质与贽同，下同。○周霄，魏人。无君，谓不得仕而事君也。皇皇如，有求而弗得之意。出疆，谓失位而去国也。质，所执以见人者，如士则执雉也。出疆载之者，将以见所适国之君而事之也。

[2] 周霄问也。以、已通，太也。后章放此。

[3] 盛，音成。缫，素刀反。皿，武永反。○《礼》曰：“诸侯为藉百亩，冕而青纮，躬秉耒以耕，而庶人助以终亩。收而藏之御廪，以供宗庙之粢盛。使世妇蚕于公桑蚕室，奉茧以示于君，遂献于夫人。夫人副袆受之，缫三盆手，遂布于三宫世妇，使缫以为黼黻文章，而服以祀先王先公。”又曰：“士有田则祭，无田则荐。”黍稷曰粢，在器曰盛。牲杀，牲必特杀也。皿，所以覆器者。

[4] 周霄问也。

[5] 为，去声。舍，上声。

[6] 为，去声。妁，音酌。隙，去逆反。恶，去声。○晋国，解见首篇。仕国，谓君子游宦之国。霄意以孟子不见诸侯为难仕，故先问古之君子仕否，然后言此以风切之也。男以女为室，女以男为家。妁，亦媒也。言为父母者，非不愿其男女之有室家，而亦恶其不由道。盖君子虽不洁身以乱伦，而亦不徇利而忘义也。

彭更问曰：“后车数十乘，从者数百人，以传食于诸侯，不以泰乎？”孟子曰：“非其道，则一箪食不可受于人；如其道，则舜受尧之天下，不以为泰，子以为泰乎？”[1] 曰：“否。士无事而食，不可也。”[2] 曰：“子不通功易事，以羡补不足，则农有余粟，女有余布；子如通之，则梓匠轮舆皆得食于子。于此有人焉，入则孝，出则悌，守先王之道，以待后之学者，而不得食于子。子何尊梓匠轮舆而轻为仁义者哉?”[3]曰:“梓匠轮舆,其志将以求食也。君子之为道也,其志亦将以求食与?”曰:“子何以其志为哉?其有功于子,可食而食之矣。且子食志乎?食功乎?”曰:“食志。”[4]曰:“有人于此,毁瓦画墁,其志将以求食也,则子食之乎?”曰:“否。”曰:“然则子非食志也,食功也。”[5]

【朱子集注】

[1]更,平声。乘、从,皆去声。传,直恋反。箪,音丹。食,音嗣。○彭更,孟子弟子也。泰,侈也。

[2]言不以舜为泰,但谓今之士无功而食人之食,则不可也。

[3]羡,延面反。○通功易事,谓通人之功而交易其事。羡,余也。有余,言无所贸易而积于无用也。梓人、匠人,木工也。轮人、舆人,车工也。

[4]与,平声。可食而食、食志、食功之食,皆音嗣,下同。○孟子言:自我而言,固不求食;自彼而言,凡有功者则当食之。

[5]墁,武安反。子食之食,亦音嗣。○墁,墙壁之饰也。毁瓦画墁,言无功而有害也。既曰食功,则以士为无事而食者,真尊梓匠轮舆而轻为仁义者矣。

万章问曰:“宋,小国也,今将行王政,齐、楚恶而伐之,则如之何?”[1]孟子曰:“汤居亳,与葛为邻,葛伯放而不祀。汤使人问之曰:‘何为不祀?’曰:‘无以供牺牲也。’汤使遗之牛羊。葛伯食之,又不以祀。汤又使人问之曰:‘何为不祀?’曰:‘无以供粢盛也。’汤使亳众往为之耕,老弱馈食。葛伯率其民,要其有酒食黍稻者夺之,不授者杀之。有童子以黍肉饷，杀而夺之。《书》曰：‘葛伯仇饷。’此之谓也。[2]为其杀是童子而征之，四海之内皆曰：‘非富天下也，为匹夫匹妇复雠也。’[3]‘汤始征，自葛载’，十一征而无敌于天下。东面而征，西夷怨；南面而征，北狄怨，曰：‘奚为后我？’民之望之，若大旱之望雨也。归市者弗止，芸者不变。诛其君，吊其民，如时雨降。民大悦。《书》曰：‘徯我后，后来其无罚。’[4]‘有攸不惟臣，东征，绥厥士女，匪厥玄黄，绍我周王见休，惟臣附于大邑周。’其君子实玄黄于匪以迎其君子，其小人箪食壶浆以迎其小人。救民于水火之中，取其残而已矣。[5]《太誓》曰：‘我武惟扬，侵于之疆，则取于残，杀伐用张，于汤有光。’[6]不行王政云尔；苟行王政，四海之内皆举首而望之，欲以为君。齐、楚虽大，何畏焉？”[7]

【朱子集注】

[1] 恶，去声。〇万章，孟子弟子。宋王偃尝灭滕伐薛，败齐、楚、魏之兵，欲霸天下，疑即此时也。

[2] 遗，唯季反。盛，音成。往为之为，去声。馈食、酒食之食，音嗣。要，平声。饷，式亮反。〇葛，国名。伯，爵也。放而不祀，放纵无道，不祀先祖也。亳众，汤之民。其民，葛民也。授，与也。饷，亦馈也。《书·商书·仲虺之诰》也。仇饷，言与饷者为仇也。

[3] 为，去声。〇非富天下，言汤之心非以天下为富而欲得之也。

[4] 载，亦始也。十一征，所征十一国也。余已见前篇。

[5] 食，音嗣。〇按：《周书·武成》篇载武王之言，孟子约其文如此。然其辞时与今《书》文不类，今姑依此文解之。有所不惟臣，谓助纣为恶，而不为周臣者。匪，与篚同。玄黄，币也。绍，继也，犹言事也。言其士女以匪盛玄黄之币，迎武王而事之也。商人而曰我周王，犹《商书》

所谓我后也。休，美也。言武王能顺天休命，而事之者皆见休也。臣附，归服也。孟子又释其意，言商人闻周师之来，各以其类相迎者，以武王能拯民于水火之中，取其残民者诛之，而不为暴虐耳。君子，谓在位之人。小人，谓细民也。

［6］《太誓》，《周书》也。今《书》文亦小异。言武王威武奋扬，侵彼纣之疆界，取其残贼，而杀伐之功因以张大，比于汤之伐桀，又有光焉。引此以证上文取其残之义。

［7］宋实不能行王政，后果为齐所灭，王偃走死。○尹氏曰："为国者能自治而得民心，则天下皆将归往之，恨其征伐之不早也，尚何强国之足畏哉？苟不自治，而以强弱之势言之，是可畏而已矣。"

孟子谓戴不胜曰："子欲子之王之善与？我明告子。有楚大夫于此，欲其子之齐语也，则使齐人傅诸？使楚人傅诸？"曰："使齐人傅之。"曰："一齐人傅之，众楚人咻之，虽日挞而求其齐也，不可得矣；引而置之庄岳之间数年，虽日挞而求其楚，亦不可得矣。[1]子谓薛居州，善士也，使之居于王所。在于王所者，长幼卑尊，皆薛居州也，王谁与为不善？在王所者，长幼卑尊，皆非薛居州也，王谁与为善？一薛居州，独如宋王何？"[2]

【朱子集注】

［1］与，平声。咻，音休。○戴不胜，宋臣也。齐语，齐人语也。傅，教也。咻，讙也。齐，齐语也。庄岳，齐街里名也。楚，楚语也。此先设譬以晓之也。

［2］长，上声。○居州，亦宋臣。言小人众而君子独，无以成正君之功。

公孙丑问曰："不见诸侯，何义？"孟子曰："古者不为臣不见。[1]段干木逾垣而辟之，泄柳闭门而不内，是皆已甚。迫，斯可以见矣。[2]阳货欲见孔子而恶无礼，大夫有赐于士，不得受于其家，则往拜其门。阳货瞰孔子之亡也，而馈孔子蒸豚；孔子亦瞰其亡也，而往拜之。当是时，阳货先，岂得不见？[3]曾子曰：'胁肩谄笑，病于夏畦。'子路曰：'未同而言，观其色赧赧然，非由之所知也。'由是观之，则君子之所养可知已矣。"[4]

【朱子集注】

[1] 不为臣，谓未仕于其国者也，此不见诸侯之义也。

[2] 辟，去声。内，与纳同。○段干木，魏文侯时人。泄柳，鲁缪公时人。文侯、缪公欲见此二人，而二人不肯见之，盖未为臣也。已甚，过甚也。迫，谓求见之切也。

[3] 欲见之见，音现。恶，去声。瞰，音勘。○此又引孔子之事，以明可见之节也。欲见孔子，欲召孔子来见己也。恶无礼，畏人以己为无礼也。受于其家，对使人拜受于家也。其门，大夫之门也。瞰，窥也。阳货于鲁为大夫，孔子为士，故以此物及其不在而馈之，欲其来拜而见之也。先，谓先来加礼也。

[4] 胁，虚业反。赧，奴简反。○胁肩，竦体。谄笑，强笑。皆小人侧媚之态也。病，劳也。夏畦，夏月治畦之人也。言为此者，其劳过于夏畦之人也。未同而言，与人未合而强与之言也。赧赧，惭而面赤之貌。由，子路名。言非己所知，甚恶之之辞也。孟子言由此二言观之，则二子之所养可知，必不肯不俟其礼之至，而辄往见之也。○此章言圣人礼义之中正，过之者伤于迫切而不洪，不及者沦于污贱而可耻。

戴盈之曰："什一，去关市之征，今兹未能。请轻之，以待来年，然后已，何如？"[1]孟子曰："今有人日攘其邻之鸡者，或告之曰：'是非君子之道。'曰：'请损之，月攘一鸡，以待来年，然后已。'[2]如知其非义，斯速已矣，何待来年？"[3]

【朱子集注】

[1] 去，上声。○盈之，亦宋大夫也。什一，井田之法也。关市之征，商贾之税也。已，止也。

[2] 攘，如羊反。○攘，物自来而取之也。损，减也。

[3] 知义理之不可而不能速改，与月攘一鸡何以异哉？

公都子曰："外人皆称夫子好辩，敢问何也？"孟子曰："予岂好辩哉？予不得已也。[1]天下之生久矣，一治一乱。[2]当尧之时，水逆行，泛滥于中国，蛇龙居之，民无所定。下者为巢，上者为营窟。《书》曰：'洚水警余。'洚水者，洪水也。[3]使禹治之。禹掘地而注之海，驱蛇龙而放之菹。水由地中行，江、淮、河、汉是也。险阻既远，鸟兽之害人者消，然后人得平土而居之。[4]尧、舜既没，圣人之道衰。暴君代作，坏宫室以为污池，民无所安息；弃田以为园囿，使民不得衣食。邪说暴行又作，园囿、污池、沛泽多而禽兽至。及纣之身，天下又大乱。[5]周公相武王，诛纣伐奄，三年讨其君，驱飞廉于海隅而戮之。灭国者五十，驱虎、豹、犀、象而远之。天下大悦。《书》曰：'丕显哉，文王谟！丕承哉，武王烈！佑启我后人，咸以正无缺。'[6]世衰道微，邪说暴行有作，臣弑其君者有之，子弑其父者有之。[7]孔子惧，作《春秋》。《春秋》，天子之事也。是故孔子曰：'知我者其惟《春秋》乎！罪我者其惟《春秋》乎！'[8]圣王不作，诸侯放恣，处士横议，杨朱、墨翟之言盈天下。天下之言，不归杨，则归墨。杨氏为我，是无君也；墨氏兼爱，是无父也。无父无君，是禽兽也。公明仪曰：'庖有肥肉，厩有肥马，民有饥色，野有饿莩，此率禽兽而食人也。'杨、墨之道不息，孔子之道不著，是邪说诬民，充塞仁义也。仁义充塞，则率兽食人，人将相食。[9]吾为此惧，闲先圣之道，距杨、墨，放淫辞，邪说者不得作。作于其心，害于其事；作于其事，害于其政。圣人复起，不易吾言矣。[10]昔者禹抑洪水而天下平，周公兼夷狄、驱猛兽而百姓宁，孔子成《春秋》而乱臣贼子惧。[11]《诗》云：'戎狄是膺，荆、舒是惩，则莫我敢承。'无父无君，是周公所膺也。[12]我亦欲正人心，息邪说，距诐行，放淫辞，以承三圣者。岂好辩哉？予不得已也。[13]能言距杨、墨者，圣人之徒也。"[14]

【朱子集注】

[1] 好，去声，下同。

[2] 治，去声。○生，谓生民也。一治一乱，气化盛衰，人事得失，反复相寻，理之常也。

[3] 洚，音降，又胡贡、胡工二反。○水逆行，下流壅塞，故水倒流而旁溢也。下，下地。上，高地也。营窟，穴处也。《书·虞书·大禹谟》也。洚水，洚洞无涯之水也。警，戒也。此一乱也。

[4] 菹，侧鱼反。○掘地，掘去壅塞也。菹，泽生草者也。地中，两涯之间也。险阻，谓水之泛滥也。远，去也。消，除也。此一治也。

[5] 坏，音怪。行，去声，下同。沛，蒲内反。○暴君，谓夏太康、孔甲、履癸、商武乙之类也。宫室，民居也。沛，草木之所生也。泽，水所钟

也。自尧、舜没至此，治乱非一，及纣而又一大乱也。

［6］相，去声。奄，平声。〇奄，东方之国，助纣为虐者也。飞廉，纣幸臣也。五十国，皆纣党虐民者也。《书·周书·君牙》之篇。丕，大也。显，明也。谟，谋也。承，继也。烈，光也。佑，助也。启，开也。缺，坏也。此一治也。

［7］有作之有，读为又，古字通用。〇此周室东迁之后，又一乱也。

［8］胡氏曰："仲尼作《春秋》以寓王法。惇典、庸礼、命德、讨罪，其大要皆天子之事也。知孔子者，谓此书之作，遏人欲于横流，存天理于既灭，为后世虑，至深远也。罪孔子者，以谓无其位而托二百四十二年南面之权，使乱臣贼子禁其欲而不得肆，则戚矣。"愚谓孔子作《春秋》以讨乱贼，则致治之法垂于万世，是亦一治也。

［9］横、为，皆去声。莩，皮表反。〇杨朱但知爱身，而不复知有致身之义，故无君。墨子爱无差等，而视其至亲无异众人，故无父。无父无君，则人道灭绝，是亦禽兽而已。公明仪之言，义见首篇。充塞仁义，谓邪说遍满，妨于仁义也。孟子引仪之言，以明杨、墨道行，则人皆无父无君，以陷于禽兽，而大乱将起，是亦率兽食人而人又相食也。此又一乱也。

［10］为，去声。复，扶又反。〇闲，卫也。放，驱而远之也。作，起也。事，所行。政，大体也。孟子虽不得志于时，然杨、墨之害，自是灭息，而君臣父子之道，赖以不坠。是亦一治也。程子曰："杨、墨之害，甚于申、韩；佛氏之害，甚于杨、墨。盖杨氏为我疑于义，墨氏兼爱疑于仁，申、韩则浅陋易见。故孟子止辟杨、墨，为其惑世之甚也。佛氏之言近理，又非杨、墨之比，所以为害尤甚。"

［11］抑，止也。兼，并之也，总结上文也。

［12］说见上篇。承，当也。

［13］行、好，皆去声。〇诐，淫，解见前篇。辞者，说之详也。承，继也。三圣，禹、周公、孔子也。盖邪说横流，坏人心术，甚于洪水猛兽之灾，惨于夷狄篡弑之祸，故孟子深惧而力救之。再言岂好辩哉，予不得已

也，所以深致意焉。然非知道之君子，孰能真知其所以不得已之故哉？

[14] 言苟有能为此距杨、墨之说者，则其所趋正矣，虽未必知道，是亦圣人之徒也。孟子既答公都子之问，而意有未尽，故复言此。盖邪说害正，人人得而攻之，不必圣贤；如《春秋》之法，乱臣贼子，人人得而讨之，不必士师也。圣人救世立法之意，其切如此。若以此意推之，则不能攻讨，而又唱为不必攻讨之说者，其为邪诐之徒、乱贼之党可知矣。○尹氏曰："学者于是非之原，毫厘有差，则害流于生民，祸及于后世。故孟子辩邪说如是之严，而自以为承三圣之功也。当是时，方且以好辩目之，是以常人之心而度圣贤之心也。"

匡章曰："陈仲子岂不诚廉士哉？居於陵，三日不食，耳无闻，目无见也。井上有李，螬食实者过半矣，匍匐往将食之，三咽，然后耳有闻、目有见。"[1] 孟子曰："于齐国之士，吾必以仲子为巨擘焉。虽然，仲子恶能廉？充仲子之操，则蚓而后可者也。[2] 夫蚓，上食槁壤，下饮黄泉。仲子所居之室，伯夷之所筑与？抑亦盗跖之所筑与？所食之粟，伯夷之所树与？抑亦盗跖之所树与？是未可知也。"[3] 曰："是何伤哉？彼身织屦，妻辟纑，以易之也。"[4] 曰："仲子，齐之世家也。兄戴，盖禄万钟。以兄之禄为不义之禄而不食也，以兄之室为不义之室而不居也，辟兄离母，处于於陵。他日归，则有馈其兄生鹅者，己频顣曰：'恶用是鶃鶃者为哉？'他日，其母杀是鹅也，与之食之。其兄自外至，曰：'是鶃鶃之肉也。'出而哇之。[5] 以母则不食，以妻则食之；以兄之室则弗居，以於陵则居之。是尚为能充其类也乎？若仲子者，蚓而后充其操者也。"[6]

【朱子集注】

［1］於，音乌，下於陵同。螬，音曹。咽，音宴。○匡章、陈仲子，皆齐人。廉，有分辨，不苟取也。於陵，地名。螬，蛴螬虫也。匍匐，言无力不能行也。咽，吞也。

［2］擘，薄厄反。恶，平声。蚓，音引。○巨擘，大指也。言齐人中有仲子，如众小指中有大指也。充，推而满之也。操，所守也。蚓，丘蚓也。言仲子未得为廉也，必若满其所守之志，则惟丘蚓之无求于世，然后可以为廉耳。

［3］夫，音扶。与，平声。○槁壤，干土也。黄泉，浊水也。抑，发语辞也。言蚓无求于人而自足，而仲子未免居室食粟，若所从来或有非义，则是未能如蚓之廉也。

［4］辟，音壁。纑，音卢。○辟，绩也。纑，练麻也。

［5］盖，音閤。辟，音避。频与颦同。顣与蹙同，子六反。恶，平声。鶃，鱼一反。哇，音蛙。○世家，世卿之家。兄名戴，食采于盖，其入万钟也。归，自於陵归也。己，仲子也。鶃鶃，鹅声也。频顣而言，以其兄受馈为不义也。哇，吐之也。

［6］言仲子以母之食、兄之室为不义而不食不居，其操守如此。至于妻所易之粟、於陵所居之室，既未必伯夷之所为，则亦不义之类耳。今仲子于此则不食不居，于彼则食之居之，岂为能充满其操守之类者乎？必其无求自足如丘蚓然，乃为能满其志而得为廉耳，然岂人之所可为哉？○范氏曰："天之所生，地之所养，惟人为大。人之所以为大者，以其有人伦也。仲子避兄离母，无亲戚、君臣、上下，是无人伦也。岂有无人伦而可以为廉哉？"

卷第七

离娄上

孟子曰："离娄之明，公输子之巧，不以规矩，不能成方员；师旷之聪，不以六律，不能正五音；尧、舜之道，不以仁政，不能平治天下。[1]今有仁心仁闻而民不被其泽，不可法于后世者，不行先王之道也。[2]故曰：徒善不足以为政，徒法不能以自行。[3]《诗》云：'不愆不忘，率由旧章。'遵先王之法而过者，未之有也。[4]圣人既竭目力焉，继之以规矩准绳，以为方员平直，不可胜用也；既竭耳力焉，继之以六律，正五音，不可胜用也；既竭心思焉，继之以不忍人之政，而仁覆天下矣。[5]故曰：为高必因丘陵，为下必因川泽。为政不因先王之道，可谓智乎？[6]是以惟仁者宜在高位。不仁而在高位，是播其恶于众也。[7]上无道揆也，下无法守也，朝不信道，工不信度，君子犯义，小人犯刑，国之所存者幸也。[8]故曰：城郭不完，兵甲不多，非国之灾也；田野不辟，货财不聚，非国之害也。上无礼，下无学，贼民兴，丧无日矣。[9]《诗》曰：'天之方蹶，无然泄泄。'[10]泄泄，犹沓沓也。[11]事君无义，进退无礼，言则非先王之道者，犹沓沓也。[12]故曰：责难于君谓之恭，陈善闭邪谓之敬，吾君不能谓之贼。"[13]

【朱子集注】

[1] 离娄，古之明目者。公输子，名班，鲁之巧人也。规，所以为员之器也。矩，所以为方之器也。师旷，晋之乐师，知音者也。六律，截竹为筩，阴阳各六，以节五音之上下。黄钟、太蔟、姑洗、蕤宾、夷则、无射，为阳；大吕、夹钟、仲吕、林钟、南吕、应钟，为阴也。五音：宫、商、角、徵、羽也。范氏曰："此言治天下不可无法度，仁政者，治天下之法度也。"

[2] 闻，去声。○仁心，爱人之心也。仁闻者，有爱人之声闻于人也。先王之道，仁政是也。范氏曰："齐宣王不忍一牛之死，以羊易之，可谓有仁心。梁武帝终日一食蔬素，宗庙以面为牺牲，断死刑必为之涕泣，天下知其慈仁，可谓有仁闻。然而宣王之时，齐国不治；武帝之末，江南大乱。其故何哉？有仁心仁闻而不行先王之道故也。"

[3] 徒，犹空也。有其心，无其政，是谓徒善；有其政，无其心，是谓徒法。程子尝言："为政须要有纲纪文章，谨权、审量、读法、平价，皆不可阙。"而又曰："必有《关雎》、《麟趾》之意，然后可以行《周官》之法度。"正谓此也。

[4]《诗·大雅·假乐》之篇。愆，过也。率，循也。章，典法也。所行不过差、不遗忘者，以其循用旧典故也。

[5] 胜，平声。○准，所以为平。绳，所以为直。覆，被也。此言古之圣人，既竭耳目心思之力，然犹以为未足以遍天下、及后世，故制为法度以继续之，则其用不穷而仁之所被者广矣。

[6] 丘陵本高，川泽本下，为高下者因之，则用力少而成功多矣。邹氏曰："自章首至此，论以仁心仁闻行先王之道。"

[7] 仁者，有仁心仁闻而能扩而充之，以行先王之道者也。播恶于众，谓贻患于下也。

[8] 朝，音潮。○此言不仁而在高位之祸也。道，义理也。揆，度也。法，制度也。道揆，谓以义理度量事物而制其宜。法守，谓以法度自守。工，官也。度，即法也。君子、小人，以位而言也。由上无道揆，故下无法守。无道揆，则朝不信道而君子犯义；无法守，则工不信度而小人犯

刑。有此六者，其国必亡。其不亡者，侥幸而已。

[9] 辟与闢同。丧，去声。○上不知礼，则无以教民；下不知学，则易与为乱。邹氏曰："自是以惟仁者至此，所以责其君。"

[10] 蹶，居卫反。泄，弋制反。○《诗·大雅·板》之篇。蹶，颠覆之意。泄泄，怠缓悦从之貌。言天欲颠覆周室，群臣无得泄泄然不急救正之。

[11] 沓，徒合反。○沓沓，即泄泄之意。盖孟子时人语如此。

[12] 非，诋毁也。

[13] 范氏曰："人臣以难事责于君，使其君为尧、舜之君者，尊君之大也。开陈善道以禁闭君之邪心，惟恐其君或陷于有过之地者，敬君之至也。谓其君不能行善道而不以告者，贼害其君之甚也。"邹氏曰："自《诗》云'天之方蹶'至此，所以责其臣。"○邹氏曰："此章言为治者，当有仁心仁闻以行先王之政，而君臣又当各任其责也。"

孟子曰："规矩，方员之至也；圣人，人伦之至也。[1]欲为君尽君道，欲为臣尽臣道，二者皆法尧、舜而已矣。不以舜之所以事尧事君，不敬其君者也；不以尧之所以治民治民，贼其民者也。[2]孔子曰：'道二：仁与不仁而已矣。'[3]暴其民甚，则身弑国亡；不甚，则身危国削。名之曰'幽'、'厉'，虽孝子慈孙，百世不能改也。[4]《诗》云'殷鉴不远，在夏后之世'，此之谓也。"[5]

【朱子集注】

[1] 至，极也。人伦，说见前篇。规矩尽所以为方员之理，犹圣人尽所以为人之道。

[2] 法尧、舜以尽君臣之道，犹用规矩以尽方员之极，此孟子所以道性善而称尧、舜也。

[3] 法尧、舜，则尽君臣之道而仁矣；不法尧、舜，则慢君贼民而不仁矣。二端之外，更无他道。出乎此，则入乎彼矣，可不谨哉？

[4] 幽，暗。厉，虐。皆恶谥也。苟得其实，则虽有孝子慈孙爱其祖考之甚者，亦不得废公义而改之。言不仁之祸必至于此，可惧之甚也。

[5]《诗·大雅·荡》之篇。言商纣之所当鉴者，近在夏桀之世。而孟子引之，又欲后人以幽、厉为鉴也。

孟子曰："三代之得天下也以仁，其失天下也以不仁。[1]国之所以废兴存亡者亦然。[2]天子不仁，不保四海；诸侯不仁，不保社稷；卿大夫不仁，不保宗庙；士庶人不仁，不保四体。[3]今恶死亡而乐不仁，是犹恶醉而强酒。"[4]

【朱子集注】

[1] 三代，谓夏、商、周也。禹、汤、文、武以仁得之；桀、纣、幽、厉以不仁失之。

[2] 国，谓诸侯之国。

[3] 言必死亡。

[4] 恶，去声。乐，音洛。强，上声。〇此承上章之意而推言之也。

孟子曰："爱人不亲，反其仁；治人不治，反其智；礼人不答，反其敬。[1]行有不得者，皆反求诸己，其身正而天下归之。[2]《诗》云：'永言配命，自求多福。'"[3]

【朱子集注】

[1] 治人之治，平声。不治之治，去声。〇我爱人而人不亲我，则反求诸己，恐我之仁未至也。智、敬放此。

[2] 不得，谓不得其所欲，如不亲、不治、不答是也。反求诸己，谓反其仁、反其智、反其敬也。如此，则其自治益详，而身无不正矣。天下归之，极言其效也。

[3] 解见前篇。○亦承上章而言。

孟子曰："人有恒言，皆曰'天下国家'。天下之本在国，国之本在家，家之本在身。"[1]

【朱子集注】

[1] 恒，胡登反。○恒，常也。虽常言之，而未必知其言之有序也。故推言之，而又以家本乎身也。此亦承上章而言之。《大学》所谓"自天子至于庶人，壹是皆以修身为本"，为是故也。

孟子曰："为政不难，不得罪于巨室。巨室之所慕，一国慕之；一国之所慕，天下慕之，故沛然德教溢乎四海。"[1]

【朱子集注】

[1] 巨室，世臣大家也。得罪，谓身不正而取怨怒也。麦丘邑人祝齐桓公曰："愿主君无得罪于群臣百姓。"意盖如此。慕，向也，心悦诚服之谓也。沛然，盛大流行之貌。溢，充满也。盖巨室之心，难以力服，而国人素所取信；今既悦服，则国人皆服，而吾德教之所施，可以无远而不至矣。此亦承上章而言。盖君子不患人心之不服，而患吾身之不修。吾身既修，则人心之难服者先服，而无一人之不服矣。○林氏曰："战国之世，诸侯失德，巨室擅权，为患甚矣。然或者不修其本而遽欲胜之，则未必能胜而适以取祸。故孟子推本而言，惟务修德以服其心。彼既悦服，则吾之德教无所留碍，可以及乎天下矣。裴度所谓'韩弘舆疾讨贼，承宗敛手削地，非朝廷之力能制其死命，特以处置得宜，能服其心故尔'，正此

类也。”

孟子曰：“天下有道，小德役大德，小贤役大贤。天下无道，小役大，弱役强。斯二者天也，顺天者存，逆天者亡。[1]齐景公曰：‘既不能令，又不受命，是绝物也。’涕出而女于吴。[2]今也小国师大国而耻受命焉，是犹弟子而耻受命于先师也。[3]如耻之，莫若师文王。师文王，大国五年，小国七年，必为政于天下矣。[4]《诗》云：‘商之孙子，其丽不亿。上帝既命，侯于周服。侯服于周，天命靡常。殷士肤敏，祼将于京。’孔子曰：‘仁不可为众也。夫国君好仁，天下无敌。’[5]今也欲无敌于天下而不以仁，是犹执热而不以濯也。《诗》云：‘谁能执热，逝不以濯？’”[6]

【朱子集注】

[1] 有道之世，人皆修德，而位必称其德之大小。天下无道，人不修德，则但以力相役而已。天者，理势之当然也。

[2] 女，去声。○引此以言小役大、弱役强之事也。令，出令以使人也。受命，听命于人也。物，犹人也。女，以女与人也。吴，蛮夷之国也。景公羞与为昏而畏其强，故涕泣而以女与之。

[3] 言小国不修德以自强，其般乐怠敖，皆若效大国之所为者，而独耻受其教命，不可得也。

[4] 此因其愧耻之心而勉以修德也。文王之政，布在方策，举而行之，所谓师文王也。五年、七年，以其所乘之势不同为差。盖天下虽无道，然修德之至，则道自我行，而大国反为吾役矣。程子曰：“五年、七年，圣人度其时则可矣。然凡此类，学者皆当思其作为如何，乃有益耳。”

[5] 祼，音灌。夫，音扶。好，去声。○《诗·大雅·文王》之篇。孟

子引此诗及孔子之言，以言文王之事。丽，数也。十万曰亿。侯，维也。商士，商孙子之臣也。肤，大也。敏，达也。祼，宗庙之祭，以郁鬯之酒灌地而降神也。将，助也。言商之孙子众多，其数不但十万而已。上帝既命周以天下，则凡此商之孙子，皆臣服于周矣。所以然者，以天命不常，归于有德故也。是以商士之肤大而敏达者，皆执祼献之礼，助王祭事于周之京师也。孔子因读此诗，而言有仁者则虽有十万之众，不能当之。故国君好仁，则必无敌于天下也。不可为众，犹所谓难为兄，难为弟云尔。

[6] 耻受命于大国，是欲无敌于天下也；乃师大国而不师文王，是不以仁也。《诗·大雅·桑柔》之篇。逝，语辞也。言谁能执持热物，而不以水自濯其手乎？〇此章言不能自强，则听天所命；修德行仁，则天命在我。

孟子曰："不仁者可与言哉？安其危而利其菑，乐其所以亡者。不仁而可与言，则何亡国败家之有？[1]有孺子歌曰：'沧浪之水清兮，可以濯我缨；沧浪之水浊兮，可以濯我足。'[2]孔子曰：'小子听之！清斯濯缨，浊斯濯足矣，自取之也。'[3]夫人必自侮，然后人侮之；家必自毁，而后人毁之；国必自伐，而后人伐之。[4]《太甲》曰：'天作孽，犹可违；自作孽，不可活。'此之谓也。"[5]

【朱子集注】

[1] 菑与灾同。乐，音洛。〇安其危、利其菑者，不知其为危菑而反以为安利也。所以亡者，谓荒淫暴虐，所以致亡之道也。不仁之人，私欲固蔽，失其本心，故其颠倒错乱至于如此，所以不可告以忠言，而卒至于败亡也。

[2] 浪，音郎。〇沧浪，水名。缨，冠系也。

[3] 言水之清浊，有以自取之也。圣人声入心通，无非至理，此类可见。

[4] 夫，音扶。○所谓自取之者。

[5] 解见前篇。○此章言心存则有以审夫得失之几，不存则无以辨于存亡之著。祸福之来，皆其自取。

孟子曰："桀、纣之失天下也，失其民也；失其民者，失其心也。得天下有道，得其民，斯得天下矣；得其民有道，得其心，斯得民矣；得其心有道，所欲与之聚之，所恶勿施尔也。[1]民之归仁也，犹水之就下、兽之走圹也。[2]故为渊敺鱼者，獭也；为丛敺爵者，鹯也；为汤、武敺民者，桀与纣也。[3]今天下之君有好仁者，则诸侯皆为之驱矣。虽欲无王，不可得已。[4]今之欲王者，犹七年之病求三年之艾也。苟为不畜，终身不得。苟不志于仁，终身忧辱，以陷于死亡。[5]《诗》云：'其何能淑，载胥及溺。'此之谓也。"[6]

【朱子集注】

[1] 恶，去声。○民之所欲，皆为致之，如聚敛然。民之所恶，则勿施于民。晁错所谓"人情莫不欲寿，三王生之而不伤；人情莫不欲富，三王厚之而不困；人情莫不欲安，三王扶之而不危；人情莫不欲逸，三王节其力而不尽"，此类之谓也。

[2] 走，音奏。○圹，广野也。言民之所以归乎此，以其所欲之在乎此也。

[3] 为，去声。敺与驱同。獭，音闼。爵与雀同。鹯，诸延反。○渊，深水也。獭，食鱼者也。丛，茂林也。鹯，食雀者也。言民之所以去此，以其所欲在彼而所畏在此也。

[4] 好、为、王，皆去声。

[5] 王，去声。○艾，草名，所以灸者，干久益善。夫病已深而欲求干久之艾，固难卒办，然自今畜之，则犹或可及。不然，则病日益深，死日益迫，而艾终不可得矣。

[6]《诗·大雅·桑柔》之篇。淑，善也。载，则也。胥，相也。言今之所为，其何能善，则相引以陷于乱亡而已。

孟子曰："自暴者，不可与有言也；自弃者，不可与有为也。言非礼义，谓之自暴也；吾身不能居仁由义，谓之自弃也。[1]仁，人之安宅也；义，人之正路也。[2]旷安宅而弗居，舍正路而不由，哀哉！"[3]

【朱子集注】

[1] 暴，犹害也。非，犹毁也。自害其身者，不知礼义之为美而非毁之，虽与之言，必不见信也。自弃其身者，犹知仁义之为美，但溺于怠惰，自谓必不能行，与之有为必不能勉也。程子曰："人苟以善自治，则无不可移者，虽昏愚之至，皆可渐磨而进也。惟自暴者拒之以不信，自弃者绝之以不为，虽圣人与居，不能化而入也。此所谓下愚之不移也。"

[2] 仁宅，已见前篇。义者，宜也，乃天理之当行，无人欲之邪曲，故曰正路。

[3] 舍，上声。○旷，空也。由，行也。○此章言道本固有而人自绝之，是可哀已。此圣贤之深戒，学者所当猛省也。

孟子曰："道在尔而求诸远，事在易而求之难。人人亲其亲、长其长而天下平。"[1]

【朱子集注】

[1] 尔、迩，古字通用。易，去声。长，上声。○亲、长，在人为甚迩；亲之、长之，在人为甚易，而道初不外是也。舍此而它求，则远且难而反失之。但人人各亲其亲、各长其长，则天下自平矣。

孟子曰："居下位而不获于上，民不可得而治也。获于上有道，不信于友，弗获于上矣；信于友有道，事亲弗悦，弗信于友矣；悦亲有道，反身不诚，不悦于亲矣；诚身有道，不明乎善，不诚其身矣。[1]是故诚者，天之道也；思诚者，人之道也。[2]至诚而不动者，未之有也；不诚，未有能动者也。"[3]

【朱子集注】

[1] 获于上，得其上之信任也。诚，实也。反身不诚，反求诸身而其所以为善之心有不实也。不明乎善，不能即事以穷理，无以真知善之所在也。○游氏曰："欲诚其意，先致其知，不明乎善，不诚乎身矣。学至于诚身，则安往而不致其极哉？以内则顺乎亲，以外则信乎友，以上则可以得君，以下则可以得民矣。"

[2] 诚者，理之在我者皆实而无伪，天道之本然也。思诚者，欲此理之在我者皆实而无伪，人道之当然也。

[3] 至，极也。杨氏曰："动，便是验处，若获乎上、信乎友、悦于亲之类是也。"○此章述《中庸》孔子之言，见思诚为修身之本，而明善又为思诚之本。乃子思所闻于曾子，而孟子所受乎子思者，亦与《大学》相表里，学者宜潜心焉。

孟子曰："伯夷辟纣，居北海之滨，闻文王作，兴曰：'盍归乎来！吾闻西伯善养老者。'太公辟纣，居东海之滨，闻文王作，兴曰：'盍归乎来！吾闻西伯善养老者。'[1]二老者，天下之大老也，而归之，是天下之父归之也。天下之父归之，其子焉往？[2]诸侯有行文王之政者，七年之内，必为政于天下矣。"[3]

【朱子集注】

[1] 辟，去声。○作、兴，皆起也。盍，何不也。西伯，即文王也。纣命为西方诸侯之长，得专征伐，故称西伯。太公，姜姓，吕氏，名尚。文王发政，必先鳏寡孤独，庶人之老，皆无冻馁。故伯夷、太公来就其养，非求仕也。

[2] 焉，於虔反。○二老，伯夷、太公也。大老，言非常人之老者。天下之父，言齿德皆尊，如众父然。既得其心，则天下之心不能外矣。萧何所谓"养民致贤，以图天下"者，暗与此合，但其意则有公私之辨，学者又不可以不察也。

[3] 七年，以小国而言也。大国五年在其中矣。

孟子曰："求也为季氏宰，无能改于其德，而赋粟倍他日。孔子曰：'求非我徒也，小子鸣鼓而攻之可也。'[1]由此观之，君不行仁政而富之，皆弃于孔子者也。况于为之强战？争地以战，杀人盈野；争城以战，杀人盈城。此所谓率土地而食人肉，罪不容于死。[2]故善战者服上刑，连诸侯者次之，辟草莱、任土地者次之。"[3]

【朱子集注】

[1] 求，孔子弟子冉求。季氏，鲁卿。宰，家臣。赋，犹取也，取民之粟倍于他日也。小子，弟子也。鸣鼓而攻之，声其罪而责之也。

［2］为，去声。〇林氏曰："富其君者，夺民之财耳，而夫子犹恶之。况为土地之故而杀人，使其肝脑涂地，则是率土地而食人之肉。其罪之大，虽至于死，犹不足以容之也。"

［3］辟与闢同。〇善战，如孙膑、吴起之徒。连结诸侯，如苏秦、张仪之类。辟，开垦也。任土地，谓分土授民，使任耕稼之责，如李悝尽地力、商鞅开阡陌之类也。

孟子曰："存乎人者，莫良于眸子。眸子不能掩其恶。胸中正，则眸子瞭焉；胸中不正，则眸子眊焉。[1]听其言也，观其眸子，人焉廋哉？"[2]

【朱子集注】

［1］眸，音牟。瞭，音了。眊，音耄。〇良，善也。眸子，目瞳子也。瞭，明也。眊者，蒙蒙目不明之貌。盖人与物接之时，其神在目，故胸中正则神精而明，不正则神散而昏。

［2］焉，於虔反。廋，音搜。〇廋，匿也。言亦心之所发，故并此以观，则人之邪正不可匿矣。然言犹可以伪为，眸子则有不容伪者。

孟子曰："恭者不侮人，俭者不夺人。侮夺人之君，惟恐不顺焉，恶得为恭俭？恭俭岂可以声音笑貌为哉？"[1]

【朱子集注】

［1］恶，平声。〇惟恐不顺，言恐人之不顺己。声音笑貌，伪为于外也。

淳于髡曰："男女授受不亲，礼与？"孟子曰："礼也。"曰：

“嫂溺，则援之以手乎？”曰：“嫂溺不援，是豺狼也。男女授受不亲，礼也；嫂溺，援之以手者，权也。”[1]曰：“今天下溺矣，夫子之不援，何也？”[2]曰：“天下溺，援之以道；嫂溺，援之以手。子欲手援天下乎？”[3]

【朱子集注】

[1] 与，平声。援，音爰。○淳于，姓；髡，名；齐之辩士。授，与也。受，取也。古礼，男女不亲授受，以远别也。援，救之也。权，称锤也，称物轻重而往来以取中者也。权而得中，是乃礼也。

[2] 言今天下大乱，民遭陷溺，亦当从权以援之，不可守先王之正道也。

[3] 言天下溺，惟道可以救之，非若嫂溺可手援也。今子欲援天下，乃欲使我枉道求合，则先失其所以援之之具矣。是欲使我以手援天下乎？○此章言直己守道，所以济时；枉道徇人，徒为失己。

公孙丑曰：“君子之不教子，何也？”[1]孟子曰：“势不行也。教者必以正；以正不行，继之以怒；继之以怒，则反夷矣。‘夫子教我以正，夫子未出于正也。’则是父子相夷也。父子相夷，则恶矣。[2]古者易子而教之。[3]父子之间不责善。责善则离，离则不祥莫大焉。”[4]

【朱子集注】

[1] 不亲教也。

[2] 夷，伤也。教子者，本为爱其子也，继之以怒，则反伤其子矣。父既伤其子，子之心又责其父曰：“夫子教我以正道，而夫子之身未必自行正道。”则是子又伤其父也。

[3] 易子而教，所以全父子之恩，而亦不失其为教。

[4] 责善，朋友之道也。○王氏曰："父有争子，何也？所谓争者，非责善也，当不义则争之而已矣。父之于子也如何？曰：当不义，则亦戒之而已矣。"

孟子曰："事孰为大？事亲为大；守孰为大？守身为大。不失其身而能事其亲者，吾闻之矣；失其身而能事其亲者，吾未之闻也。[1]孰不为事？事亲，事之本也；孰不为守？守身，守之本也。[2]曾子养曾皙，必有酒肉。将彻，必请所与。问有余，必曰'有'。曾皙死，曾元养曾子，必有酒肉。将彻，不请所与。问有余，曰'亡矣'，将以复进也。此所谓养口体者也。若曾子，则可谓养志也。[3]事亲若曾子者，可也。"[4]

【朱子集注】

[1] 守身，持守其身，使不陷于不义也。一失其身，则亏体辱亲，虽日用三牲之养，亦不足以为孝矣。

[2] 事亲孝，则忠可移于君，顺可移于长。身正，则家齐国治而天下平。

[3] 养，去声。复，扶又反。○此承上文事亲言之。曾皙，名点，曾子父也。曾元，曾子子也。曾子养其父，每食必有酒肉。食毕将彻去，必请于父曰："此余者与谁？"或父问："此物尚有余否？"必曰："有。"恐亲意更欲与人也。曾元不请所与，虽有言无。其意将以复进于亲，不欲其与人也。此但能养父母之口体而已。曾子则能承顺父母之志，而不忍伤之也。

[4] 言当如曾子之养志，不可如曾元但养口体。程子曰："子之身所能为者，皆所当为，无过分之事也。故事亲若曾子可谓至矣，而孟子止曰可也，岂以曾子之孝为有余哉？"

孟子曰："人不足与适也，政不足间也。惟大人为能格君心之非。君仁莫不仁，君义莫不义，君正莫不正。一正君而国定矣。"[1]

【朱子集注】

[1] 适，音谪。间，去声。〇赵氏曰："适，过也。间，非也。格，正也。"徐氏曰："格者，物之所取正也。《书》曰：'格其非心。'"愚谓"间"字上亦当有"与"字。言人君用人之非，不足过谪；行政之失，不足非间。惟有大人之德，则能格其君心之不正以归于正，而国无不治矣。大人者，大德之人，正己而物正者也。〇程子曰："天下之治乱，系乎人君之仁与不仁耳。心之非，即害于政，不待乎发之于外也。昔者孟子三见齐王而不言事，门人疑之，孟子曰：'我先攻其邪心，心既正，而后天下之事可从而理也。'夫政事之失，用人之非，知者能更之，直者能谏之。然非心存焉，则事事而更之，后复有其事，将不胜其更矣；人人而去之，后复用其人，将不胜其去矣。是以辅相之职，必在乎格君心之非，然后无所不正。而欲格君心之非者，非有大人之德，则亦莫之能也。"

孟子曰："有不虞之誉，有求全之毁。"[1]

【朱子集注】

[1] 虞，度也。吕氏曰："行不足以致誉而偶得誉，是谓不虞之誉。求免于毁而反致毁，是谓求全之毁。言毁誉之言，未必皆实，修己者不可以是遽为忧喜，观人者不可以是轻为进退。"

孟子曰："人之易其言也，无责耳矣。"[1]

【朱子集注】

[1] 易，去声。○人之所以轻易其言者，以其未遭失言之责故耳。盖常人之情，无所惩于前，则无所警于后。非以为君子之学，必俟有责而后不敢易其言也。然此岂亦有为而言之与？

孟子曰："人之患在好为人师。"[1]

【朱子集注】

[1] 好，去声。○王勉曰："学问有余，人资于己，不得已而应之可也。若好为人师，则自足而不复有进矣，此人之大患也。"

乐正子从于子敖之齐。[1] 乐正子见孟子。孟子曰："子亦来见我乎？"曰："先生何为出此言也？"曰："子来几日矣？"曰："昔者。"曰："昔者，则我出此言也，不亦宜乎？"曰："舍馆未定。"曰："子闻之也，舍馆定，然后求见长者乎？"[2] 曰："克有罪。"[3]

【朱子集注】

[1] 子敖，王驩字。

[2] 长，上声。○昔者，前日也。馆，客舍也。王驩，孟子所不与言者，则其人可知矣。乐正子乃从之行，其失身之罪大矣；又不早见长者，则其罪又有甚者焉。故孟子姑以此责之。

[3] 陈氏曰："乐正子固不能无罪矣。然其勇于受责如此，非好善而笃信之，其能若是乎？世有强辩饰非、闻谏愈甚者，又乐正子之罪人也。"

孟子谓乐正子曰："子之从于子敖来，徒餔啜也。我不意子学古之道，而以餔啜也！”[1]

【朱子集注】

[1] 餔，博孤反。啜，昌悦反。○徒，但也。餔，食也。啜，饮也。言其不择所从，但求食耳。此乃正其罪而切责之。

孟子曰：“不孝有三，无后为大。[1]舜不告而娶，为无后也，君子以为犹告也。”[2]

【朱子集注】

[1] 赵氏曰：“于礼有不孝者三事，谓阿意曲从，陷亲不义，一也。家贫亲老，不为禄仕，二也。不娶无子，绝先祖祀，三也。三者之中，无后为大。”

[2] 为无之为，去声。○舜告焉则不得娶，而终于无后矣。告者礼也，不告者权也。犹告，言与告同也。盖权而得中，则不离于正矣。○范氏曰：“天下之道，有正有权。正者万世之常，权者一时之用。常道人皆可守，权非体道者不能用也。盖权出于不得已者也。若父非瞽瞍，子非大舜，而欲不告而娶，则天下之罪人也。”

孟子曰：“仁之实，事亲是也；义之实，从兄是也；[1]智之实，知斯二者弗去是也；礼之实，节文斯二者是也；乐之实，乐斯二者，乐则生矣；生则恶可已也？恶可已，则不知足之蹈之、手之舞之。”[2]

【朱子集注】

[1] 仁主于爱，而爱莫切于事亲；义主于敬，而敬莫先于从兄。故仁义之道，其用至广，而其实不越于事亲从兄之间。盖良心之发，最为切近

而精实者。有子以孝弟为为仁之本，其意亦犹此也。

[2] 乐斯、乐则之乐，音洛。恶，平声。○斯二者，指事亲、从兄而言。知而弗去，则见之明而守之固矣。节文，谓品节文章。乐则生矣，谓和顺从容，无所勉强，事亲、从兄之意油然自生，如草木之有生意也。既有生意，则其畅茂条达，自有不可遏者，所谓恶可已也。其又盛，则至于手舞足蹈而不自知矣。○此章言事亲、从兄，良心真切，天下之道，皆原于此。然必知之明而守之固，然后节之密而乐之深也。

孟子曰："天下大悦而将归己。视天下悦而归己犹草芥也，惟舜为然。不得乎亲，不可以为人；不顺乎亲，不可以为子。[1]舜尽事亲之道而瞽瞍厎豫，瞽瞍厎豫而天下化，瞽瞍厎豫而天下之为父子者定，此之谓大孝。"[2]

【朱子集注】

[1] 言舜视天下之归己如草芥，而惟欲得其亲而顺之也。得者，曲为承顺以得其心之悦而已。顺则有以谕之于道，心与之一而未始有违，尤人所难也。为人盖泛言之，为子则愈密矣。

[2] 厎，之尔反。○瞽瞍，舜父名。厎，致也。豫，悦乐也。瞽瞍至顽，尝欲杀舜，至是而厎豫焉。《书》所谓"不格奸，亦允若"是也。盖舜至此而有以顺乎亲矣。是以天下之为子者，知天下无不可事之亲，顾吾所以事之者未若舜耳。于是莫不勉而为孝，至于其亲亦厎豫焉，则天下之为父者，亦莫不慈，所谓化也。子孝父慈，各止其所，而无不安其位之意，所谓定也。为法于天下，可传于后世，非止一身一家之孝而已，此所以为大孝也。○李氏曰："舜之所以能使瞽瞍厎豫者，尽事亲之道，其为子职，不见父母之非而已。昔罗仲素语此云：'只为天下无不是底父母。'了翁闻而善之曰：'惟如此而后，天下之为父子者定。彼臣弑其君、子弑其父者，常始于见其有不是处耳。'"

卷第八

离娄下

孟子曰："舜生于诸冯，迁于负夏，卒于鸣条，东夷之人也。[1]文王生于岐周，卒于毕郢，西夷之人也。[2]地之相去也，千有余里；世之相后也，千有余岁。得志行乎中国，若合符节。[3]先圣后圣，其揆一也。"[4]

【朱子集注】

[1] 诸冯、负夏、鸣条，皆地名，在东方夷服之地。

[2] 岐周，岐山下，周旧邑，近畎夷。毕郢，近丰、镐，今有文王墓。

[3] 得志行乎中国，谓舜为天子，文王为方伯，得行其道于天下也。符节，以玉为之，篆刻文字而中分之，彼此各藏其半，有故则左右相合以为信也。若合符节，言其同也。

[4] 揆，度也。其揆一者，言度之而其道无不同也。〇范氏曰："言圣人之生，虽有先后远近之不同，然其道则一也。"

子产听郑国之政，以其乘舆济人于溱、洧。[1]孟子曰："惠而不知为政。[2]岁十一月徒杠成，十二月舆梁成，民未病涉也。[3]君子平其政，行辟人可也，焉得人人而济之？[4]故为政者，每人而悦之，日亦不足矣。"[5]

【朱子集注】

[1] 乘，去声。溱，音臻。洧，荣美反。○子产，郑大夫公孙侨也。溱、洧，二水名也。子产见人有徒涉此水者，以其所乘之车载而度之。

[2] 惠，谓私恩小利。政，则有公平正大之体，纲纪法度之施焉。

[3] 杠，音江。○杠，方桥也。徒杠，可通徒行者。梁，亦桥也。舆梁，可通车舆者。周十一月，夏九月也。周十二月，夏十月也。《夏令》曰："十月成梁。"盖农功已毕，可用民力，又时将寒冱，水有桥梁，则民不患于徒涉，亦王政之一事也。

[4] 辟与闢同。焉，於虔反。○辟，辟除也，如《周礼·阍人》为之辟之辟。言能平其政，则出行之际，辟除行人，使之避己，亦不为过。况国中之水，当涉者众，岂能悉以乘舆济之哉？

[5] 言每人皆欲致私恩以悦其意，则人多日少，亦不足于用矣。诸葛武侯尝言"治世以大德，不以小惠"，得孟子之意矣。

孟子告齐宣王曰："君之视臣如手足，则臣视君如腹心；君之视臣如犬马，则臣视君如国人；君之视臣如土芥，则臣视君如寇仇。"[1] 王曰："礼，为旧君有服，何如斯可为服矣？"[2] 曰："谏行言听，膏泽下于民；有故而去，则君使人导之出疆，又先于其所往；去三年不反，然后收其田里。此之谓三有礼焉。如此，则为之服矣。[3] 今也为臣，谏则不行，言则不听，膏泽不下于民；有故而去，则君搏执之，又极之于其所往；去之日，遂收其田里。此之谓寇仇。寇仇何服之有？"[4]

【朱子集注】

[1] 孔氏曰："宣王之遇臣下，恩礼衰薄，至于昔者所进，今日不知其

亡，则其于群臣，可谓邈然无敬矣，故孟子告之以此。手足腹心，相待一体，恩义之至也。如犬马，则轻贱之，然犹有豢养之恩焉。国人，犹言路人，言无怨无德也。土芥，则践踏之而已矣，斩艾之而已矣，其贱恶之又甚矣。寇仇之报，不亦宜乎？”

[2] 为，去声，下为之同。○《仪礼》曰：“以道去君而未绝者，服齐衰三月。”王疑孟子之言太甚，故以此礼为问。

[3] 导之出疆，防剽掠也。先于其所往，称道其贤，欲其收用之也。三年而后收其田禄里居，前此犹望其归也。

[4] 极，穷也。穷之于其所往之国，如晋锢栾盈也。○潘兴嗣曰：“孟子告齐王之言，犹孔子对定公之意也，而其言有迹，不若孔子之浑然也。盖圣贤之别如此。”杨氏曰：“君臣以义合者也。故孟子为齐王深言报施之道，使知为君者不可不以礼遇其臣耳。若君子之自处，则岂处其薄乎？孟子曰：‘王庶几改之，予日望之。’君子之言盖如此。”

孟子曰：“无罪而杀士，则大夫可以去；无罪而戮民，则士可以徙。”[1]

【朱子集注】

[1] 言君子当见几而作，祸已迫，则不能去矣。

孟子曰：“君仁莫不仁，君义莫不义。”[1]

【朱子集注】

[1] 张氏曰：“此章重出。然上篇主言人臣当以正君为急，此章直戒人君，义亦小异耳。”

孟子曰：“非礼之礼，非义之义，大人弗为。”[1]

【朱子集注】

[1] 察理不精，故有二者之蔽。大人则随事而顺理，因时而处宜，岂为是哉？

孟子曰："中也养不中，才也养不才，故人乐有贤父兄也。如中也弃不中，才也弃不才，则贤不肖之相去，其间不能以寸。"[1]

【朱子集注】

[1] 乐，音洛。○无过不及之谓中，足以有为之谓才。养，谓涵育薰陶，俟其自化也。贤，谓中而才者也。乐有贤父兄者，乐其终能成己也。为父兄者，若以子弟之不贤，遂遽绝之而不能教，则吾亦过中而不才矣，其相去之间，能几何哉？

孟子曰："人有不为也，而后可以有为。"[1]

【朱子集注】

[1] 程子曰："有不为，知所择也。惟能有不为，是以可以有为。无所不为者，安能有所为邪？"

孟子曰："言人之不善，当如后患何？"[1]

【朱子集注】

[1] 此亦有为而言。

孟子曰："仲尼不为已甚者。"[1]

【朱子集注】

[1] 已，犹太也。杨氏曰："言圣人所为，本分之外，不加毫末。非孟子真知孔子，不能以是称之。"

孟子曰："大人者，言不必信，行不必果，惟义所在。"[1]

【朱子集注】

[1] 行，去声。○必，犹期也。大人言行，不先期于信果，但义之所在，则必从之，卒亦未尝不信果也。○尹氏曰："主于义，则信果在其中矣；主于信果，则未必合义。"王勉曰："若不合于义而不信不果，则妄人尔。"

孟子曰："大人者，不失其赤子之心者也。"[1]

【朱子集注】

[1] 大人之心，通达万变。赤子之心，则纯一无伪而已。然大人之所以为大人，正以其不为物诱，而有以全其纯一无伪之本然。是以扩而充之，则无所不知，无所不能，而极其大也。

孟子曰："养生者不足以当大事，惟送死可以当大事。"[1]

【朱子集注】

[1] 养，去声。○事生固当爱敬，然亦人道之常耳。至于送死，则人道之大变，孝子之事亲，舍是无以用其力矣。故尤以为大事，而必诚必信，不使少有后日之悔也。

孟子曰:“君子深造之以道,欲其自得之也。自得之,则居之安;居之安,则资之深;资之深,则取之左右逢其原,故君子欲其自得之也。”[1]

【朱子集注】

[1] 造,七到反。〇造,诣也。深造之者,进而不已之意。道,则其进为之方也。资,犹藉也。左右,身之两旁,言至近而非一处也。逢,犹值也。原,本也,水之来处也。言君子务于深造而必以其道者,欲其有所持循,以俟夫默识心通,自然而得之于已也。自得于已,则所以处之者安固而不摇;处之安固,则所藉者深远而无尽;所藉者深,则日用之间取之至近,无所往而不值其所资之本也。〇程子曰:“学不言而自得者,乃自得也。有安排布置者,皆非自得也。然必潜心积虑,优游厌饫于其间,然后可以有得。若急迫求之,则是私已而已,终不足以得之也。”

孟子曰:“博学而详说之,将以反说约也。”[1]

【朱子集注】

[1] 言所以博学于文,而详说其理者,非欲以夸多而斗靡也,欲其融会贯通,有以反而说到至约之地耳。盖承上章之意而言,学非欲其徒博,而亦不可以径约也。

孟子曰:“以善服人者,未有能服人者也;以善养人,然后能服天下。天下不心服而王者,未之有也。”[1]

【朱子集注】

[1] 王,去声。〇服人者,欲以取胜于人;养人者,欲其同归于善。

盖心之公私小异，而人之向背顿殊。学者于此不可以不审也。

孟子曰："言无实不祥。不祥之实，蔽贤者当之。"[1]

【朱子集注】

[1] 或曰："天下之言无有实不祥者，惟蔽贤为不祥之实。"或曰："言而无实者不祥，故蔽贤为不祥之实。"二说不同，未知孰是，疑或有阙文焉。

徐子曰："仲尼亟称于水，曰：'水哉，水哉！'何取于水也？"[1]孟子曰："原泉混混，不舍昼夜，盈科而后进，放乎四海。有本者如是，是之取尔。[2]苟为无本，七八月之间雨集，沟浍皆盈；其涸也，可立而待也。故声闻过情，君子耻之。"[3]

【朱子集注】

[1] 亟，去吏反。○亟，数也。水哉水哉，叹美之辞。

[2] 舍、放，皆上声。○原泉，有原之水也。混混，涌出之貌。不舍昼夜，言常出不竭也。盈，满也。科，坎也。言其进以渐也。放，至也。言水有原本，不已而渐进以至于海，如人有实行，则亦不已而渐进以至于极也。

[3] 浍，古外反。涸，下各反。闻，去声。○集，聚也。浍，田间水道也。涸，干也。如人无实行，而暴得虚誉，不能长久也。声闻，名誉也。情，实也。耻者，耻其无实而将不继也。林氏曰："徐子之为人，必有躐等干誉之病，故孟子以是答之。"○邹氏曰："孔子之称水，其旨微矣。孟子独取此者，自徐子之所急者言之也。孔子尝以闻达告子张矣，达者有本

之谓也，闻则无本之谓也。然则学者其可以不务本乎？”

孟子曰：“人之所以异于禽兽者几希，庶民去之，君子存之。[1]舜明于庶物，察于人伦，由仁义行，非行仁义也。”[2]

【朱子集注】

[1] 几希，少也。庶，众也。人物之生，同得天地之理以为性，同得天地之气以为形。其不同者，独人于其间得形气之正，而能有以全其性，为少异耳。虽曰少异，然人物之所以分，实在于此。众人不知此而去之，则名虽为人，而实无以异于禽兽。君子知此而存之，是以战兢惕厉，而卒能有以全其所受之理也。

[2] 物，事物也。明，则有以识其理也。人伦，说见前篇。察，则有以尽其理之详也。物理固非度外，而人伦尤切于身，故其知之有详略之异。在舜则皆生而知之也。由仁义行，非行仁义，则仁义已根于心，而所行皆从此出。非以仁义为美，而后勉强行之，所谓安而行之也。此则圣人之事，不待存之而无不存矣。○尹氏曰：“存之者，君子也。存者，圣人也。君子所存，存天理也。由仁义行，存者能之。”

孟子曰：“禹恶旨酒而好善言。[1]汤执中，立贤无方。[2]文王视民如伤，望道而未之见。[3]武王不泄迩，不忘远。[4]周公思兼三王，以施四事，其有不合者，仰而思之，夜以继日，幸而得之，坐以待旦。”[5]

【朱子集注】

[1] 恶、好，皆去声。○《战国策》曰：“仪狄作酒，禹饮而甘之，曰：‘后世必有以酒亡其国者。’遂疏仪狄而绝旨酒。”《书》曰：“禹拜昌言。”

[2] 执，谓守而不失。中者，无过不及之名。方，犹类也。立贤无方，惟贤则立之于位，不问其类也。

[3] 而，读为如，古字通用。○民已安矣，而视之犹若有伤；道已至矣，而望之犹若未见。圣人之爱民深而求道切如此。不自满足，终日乾乾之心也。

[4] 泄，狎也。迩者，人所易狎而不泄；远者，人所易忘而不忘。德之盛，仁之至也。

[5] 三王，禹也，汤也，文、武也。四事，上四条之事也。时异势殊，故其事或有所不合。思而得之，则其理初不异矣。坐以待旦，急于行也。○此承上章言舜，因历叙群圣以继之，而各举其一事，以见其忧勤惕厉之意。盖天理之所以常存，而人心之所以不死也。○程子曰："孟子所称，各因其一事而言，非谓武王不能执中立贤，汤却泄迩忘远也。人谓各举其盛，亦非也，圣人亦无不盛。"

孟子曰："王者之迹熄而《诗》亡，《诗》亡然后《春秋》作。[1]晋之乘，楚之《梼杌》，鲁之《春秋》，一也。[2]其事则齐桓、晋文，其文则史。孔子曰：'其义则丘窃取之矣。'"[3]

【朱子集注】

[1] 王者之迹熄，谓平王东迁，而政教号令不及于天下也。《诗》亡，谓《黍离》降为《国风》而《雅》亡也。《春秋》，鲁史记之名，孔子因而笔削之，始于鲁隐公之元年，实平王之四十九年也。

[2] 乘，去声。梼，音逃。杌，音兀。○《乘》，义未详，赵氏以为兴于田赋乘马之事。或曰："取记载当时行事而名之也。"《梼杌》，恶兽名，古者因以为凶人之号，取记恶垂戒之义也。《春秋》者，记事者必表年以首事。年有四时，故错举以为所记之名也。古者列国皆有史官，掌记时事。此三者皆其所记册书之名也。

［3］春秋之时，五霸迭兴，而桓、文为盛。史，史官也。窃取者，谦辞也。《公羊传》作“其辞则丘有罪焉尔”，意亦如此。盖言断之在己，所谓“笔则笔，削则削，游、夏不能赞一辞”者也。尹氏曰：“言孔子作《春秋》，亦以史之文载当时之事也，而其义则定天下之邪正，为百王之大法。”○此又承上章历叙群圣，因以孔子之事继之。而孔子之事莫大于《春秋》，故特言之。

孟子曰：“君子之泽，五世而斩。小人之泽，五世而斩。[1]予未得为孔子徒也，予私淑诸人也。”[2]

【朱子集注】

［1］泽，犹言流风余韵也。父子相继为一世，三十年亦为一世。斩，绝也。大约君子、小人之泽，五世而绝也。杨氏曰：“四世而缌，服之穷也；五世袒免，杀同姓也；六世亲属竭矣。服穷则遗泽寖微，故五世而斩。”

［2］私，犹窃也。淑，善也。李氏以为方言是也。人，谓子思之徒也。自孔子卒，至孟子游梁时，方百四十余年，而孟子已老。然则孟子之生，去孔子未百年也。故孟子言，予虽未得亲受业于孔子之门，然圣人之泽尚存，犹有能传其学者。故我得闻孔子之道于人，而私窃以善其身，盖推尊孔子而自谦之辞也。○此又承上三章，历叙舜、禹，至于周、孔，而以是终之。其辞虽谦，然其所以自任之重，亦有不得而辞者矣。

孟子曰：“可以取，可以无取，取伤廉；可以与，可以无与，与伤惠；可以死，可以无死，死伤勇。”[1]

【朱子集注】

［1］先言可以者，略见而自许之辞也。后言可以无者，深察而自疑

之辞也。过取固害于廉，然过与亦反害其惠，过死亦反害其勇，盖过犹不及之意也。○林氏曰："公西华受五秉之粟，是伤廉也。冉子与之，是伤惠也。子路之死于卫，是伤勇也。"

逄蒙学射于羿，尽羿之道，思天下惟羿为愈己，于是杀羿。孟子曰："是亦羿有罪焉。"公明仪曰："宜若无罪焉。"曰："薄乎云尔，恶得无罪？[1]郑人使子濯孺子侵卫，卫使庾公之斯追之。子濯孺子曰：'今日我疾作，不可以执弓，吾死矣夫！'问其仆曰：'追我者谁也？'其仆曰：'庾公之斯也。'曰：'吾生矣。'其仆曰：'庾公之斯，卫之善射者也，夫子曰吾生，何谓也？'曰：'庾公之斯学射于尹公之他，尹公之他学射于我。夫尹公之他，端人也，其取友必端矣。'庾公之斯至，曰：'夫子何为不执弓？'曰：'今日我疾作，不可以执弓。'曰：'小人学射于尹公之他，尹公之他学射于夫子。我不忍以夫子之道反害夫子。虽然，今日之事，君事也，我不敢废。'抽矢扣轮，去其金，发乘矢而后反。"[2]

【朱子集注】

[1] 逄，薄江反。恶，平声。○羿，有穷后羿也。逄蒙，羿之家众也。羿善射，篡夏自立，后为家众所杀。愈，犹胜也。薄，言其罪差薄耳。

[2] 他，徒何反。矣夫、夫尹之夫，并音扶。去，上声。乘，去声。○之，语助也。仆，御也。尹公他，亦卫人也。端，正也。孺子以尹公正人，知其取友必正，故度庾公必不害己。小人，庾公自称也。金，镞也。扣轮出镞，令不害人，乃以射也。乘矢，四矢也。孟子言使羿如子濯孺子，得尹公他而教之，则必无逄蒙之祸。然夷羿篡弑之贼，蒙乃逆俦；庾斯虽全私恩，亦废公义。其事皆无足论者，孟子盖特以取友而言耳。

久，其日至之度，可坐而得。况于事物之近，若因其故而求之，岂有不得其理者，而何以穿凿为哉？必言日至者，造历者以上古十一月甲子朔夜半冬至为历元也。〇程子曰："此章专为智而发。"愚谓事物之理，莫非自然。顺而循之，则为大智。若用小智而凿以自私，则害于性而反为不智。程子之言，可谓深得此章之旨矣。

公行子有子之丧。右师往吊，入门，有进而与右师言者，有就右师之位而与右师言者。[1]孟子不与右师言，右师不悦，曰："诸君子皆与驩言，孟子独不与驩言，是简驩也。"[2]孟子闻之，曰："礼，朝廷不历位而相与言，不逾阶而相揖也。我欲行礼，子敖以我为简，不亦异乎？"[3]

【朱子集注】

[1] 公行子，齐大夫。右师，王驩也。

[2] 简，略也。

[3] 朝，音潮。〇是时齐卿大夫以君命吊，各有位次。若《周礼》，凡有爵者之丧礼，则职丧莅其禁令，序其事，故云朝廷也。历，更涉也。位，他人之位也。右师未就位而进与之言，则右师历己之位矣；右师已就位而就与之言，则己历右师之位矣。孟子、右师之位又不同阶，孟子不敢失此礼，故不与右师言也。

孟子曰："君子所以异于人者，以其存心也。君子以仁存心，以礼存心。[1]仁者爱人，有礼者敬人。[2]爱人者人恒爱之，敬人者人恒敬之。[3]有人于此，其待我以横逆，则君子必自反也：我必不仁也，必无礼也，此物奚宜至哉？[4]其自反而仁矣，自反而有礼矣，其横逆由是也，君子必自反也：我必不

孟子曰："西子蒙不洁，则人皆掩鼻而过之。[1]虽
人，齐戒沐浴，则可以祀上帝。"[2]

【朱子集注】

[1] 西子，美妇人。蒙，犹冒也。不洁，污秽之物也。掩鼻
其臭也。

[2] 齐，侧皆反。○恶人，丑貌者也。○尹氏曰："此章戒人之丧
而勉人以自新也。"

孟子曰："天下之言性也，则故而已矣。故者以利
本。[1]所恶于智者，为其凿也。如智者若禹之行水也，则
恶于智矣。禹之行水也，行其所无事也。如智者亦行其
无事，则智亦大矣。[2]天之高也，星辰之远也，苟求其故，
岁之日至，可坐而致也。"[3]

【朱子集注】

[1] 性者，人物所得以生之理也。故者，其已然之迹，若所谓天下之
故者也。利，犹顺也，语其自然之势也。言事物之理，虽若无形而难知
然其发见之已然，则必有迹而易见。故天下之言性者，但言其故而理自
明，犹所谓善言天者必有验于人也。然其所谓故者，又必本其自然之势，
如人之善、水之下，非有所矫揉造作而然者也。若人之为恶、水之在山，
则非自然之故矣。

[2] 恶、为，皆去声。○天下之理，本皆顺利，小智之人，务为穿凿，
所以失之。禹之行水，则因其自然之势而导之，未尝以私智穿凿而有所
事，是以水得其润下之性而不为害也。

[3] 天虽高，星辰虽远，然求其已然之迹，则其运有常。虽千岁之

忠。[5]自反而忠矣，其横逆由是也，君子曰：'此亦妄人也已矣。如此，则与禽兽奚择哉？于禽兽又何难焉？'[6]是故君子有终身之忧，无一朝之患也。乃若所忧则有之：舜人也，我亦人也。舜为法于天下，可传于后世，我由未免为乡人也，是则可忧也。忧之如何？如舜而已矣。若夫君子所患则亡矣。非仁无为也，非礼无行也。如有一朝之患，则君子不患矣。"[7]

【朱子集注】

[1] 以仁礼存心，言以是存于心而不忘也。

[2] 此仁礼之施。

[3] 恒，胡登反。○此仁礼之验。

[4] 横，去声，下同。○横逆，谓强暴不顺理也。物，事也。

[5] 由，与犹同，下放此。○忠者，尽己之谓。我必不忠，恐所以爱敬人者，有所不尽其心也。

[6] 难，去声。○奚择，何异也。又何难焉，言不足与之校也。

[7] 夫，音扶。○乡人，乡里之常人也。君子存心不苟，故无后忧。

禹、稷当平世，三过其门而不入，孔子贤之。[1]颜子当乱世，居于陋巷，一箪食，一瓢饮，人不堪其忧，颜子不改其乐，孔子贤之。[2]孟子曰："禹、稷、颜回同道。[3]禹思天下有溺者，由己溺之也；稷思天下有饥者，由己饥之也，是以如是其急也。[4]禹、稷、颜子，易地则皆然。[5]今有同室之人斗者，救之，虽被发缨冠而救之，可也。[6]乡邻有斗者，被发缨冠而往救之，则惑也，虽闭户可也。"[7]

【朱子集注】

［1］事见前篇。

［2］食，音嗣。乐，音洛。

［3］圣贤之道，进则救民，退则修己，其心一而已矣。

［4］由与犹同。○禹、稷身任其职，故以为己责而救之急也。

［5］圣贤之心无所偏倚，随感而应，各尽其道。故使禹、稷居颜子之地，则亦能乐颜子之乐；使颜子居禹、稷之任，亦能忧禹、稷之忧也。

［6］不暇束发而结缨往救，言急也。以喻禹、稷。

［7］喻颜子也。○此章言圣贤心无不同，事则所遭或异，然处之各当其理，是乃所以为同也。尹氏曰："当其可之谓时，前圣后圣，其心一也，故所遇皆尽善。"

公都子曰："匡章，通国皆称不孝焉。夫子与之游，又从而礼貌之，敢问何也？"[1]孟子曰："世俗所谓不孝者五：惰其四支，不顾父母之养，一不孝也；博弈好饮酒，不顾父母之养，二不孝也；好货财，私妻子，不顾父母之养，三不孝也；从耳目之欲，以为父母戮，四不孝也；好勇斗很，以危父母，五不孝也。章子有一于是乎？[2]夫章子，子父责善而不相遇也。[3]责善，朋友之道也；父子责善，贼恩之大者。[4]夫章子，岂不欲有夫妻子母之属哉？为得罪于父，不得近，出妻屏子，终身不养焉。其设心以为不若是，是则罪之大者。是则章子已矣。"[5]

【朱子集注】

［1］匡章，齐人。通国，尽一国之人也。礼貌，敬之也。

［2］好、养、从，皆去声。很，胡恳反。○戮，羞辱也。很，忿戾也。

［3］夫，音扶。○遇，合也。相责以善而不相合，故为父所逐也。

［4］贼，害也。朋友当相责以善，父子行之，则害天性之恩也。

［5］夫章之夫，音扶。为，去声。屏，必井反。养，去声。○言章子非不欲身有夫妻之配、子有子母之属，但为身不得近于父，故不敢受妻子之养，以自责罚。其心以为不如此，则其罪益大也。○此章之旨，于众所恶而必察焉，可以见圣贤至公至仁之心矣。杨氏曰："章子之行，孟子非取之也，特哀其志而不与之绝耳。"

曾子居武城，有越寇。或曰："寇至，盍去诸？"曰："无寓人于我室，毁伤其薪木。"寇退，则曰："修我墙屋，我将反。"寇退，曾子反。左右曰："待先生如此其忠且敬也，寇至则先去以为民望，寇退则反，殆于不可。"沈犹行曰："是非汝所知也。昔沈犹有负刍之祸，从先生者七十人，未有与焉。"[1]子思居于卫，有齐寇。或曰："寇至，盍去诸？"子思曰："如伋去，君谁与守？"[2]孟子曰："曾子、子思同道。曾子，师也，父兄也；子思臣也，微也。曾子、子思易地则皆然。"[3]

【朱子集注】

［1］与，去声。○武城，鲁邑名。盍，何不也。左右，曾子之门人也。忠敬，言武城之大夫事曾子忠诚恭敬也。为民望，言使民望而效之。沈犹行，弟子姓名也。言曾子尝舍于沈犹氏，时有负刍者作乱，来攻沈犹氏，曾子率其弟子去之，不与其难。言师宾不与臣同。

［2］言所以不去之意如此。

［3］微，犹贱也。尹氏曰："或远害，或死难，其事不同者，所处之地不同也。君子之心，不系于利害，惟其是而已，故易地则皆能为之。"○孔氏曰："古之圣贤，言行不同，事业亦异，而其道未始不同也。学者知此，则因所遇而应之，若权衡之称物，低昂屡变，而不害其为同也。"

储子曰："王使人瞷夫子，果有以异于人乎？"孟子曰："何以异于人哉！尧、舜与人同耳。"[1]

【朱子集注】

[1] 瞷，古苋反。〇储子，齐人也。瞷，窃视也。圣人亦人耳，岂有异于人哉？

齐人有一妻一妾而处室者，其良人出，则必餍酒肉而后反。其妻问所与饮食者，则尽富贵也。其妻告其妾曰："良人出，则必餍酒肉而后反；问其与饮食者，尽富贵也，而未尝有显者来。吾将瞷良人之所之也。"蚤起，施从良人之所之，遍国中无与立谈者。卒之东郭墦间，之祭者，乞其余；不足，又顾而之他，此其为餍足之道也。其妻归，告其妾曰："良人者，所仰望而终身也。今若此！"与其妾讪其良人，而相泣于中庭。而良人未之知也，施施从外来，骄其妻妾。[1]由君子观之，则人之所以求富贵利达者，其妻妾不羞也，而不相泣者，几希矣。[2]

【朱子集注】

[1] 施，音迤，又音易。墦，音燔。施施，如字。〇章首当有"孟子曰"字，阙文也。良人，夫也。餍，饱也。显者，富贵人也。施，邪施而行，不使良人知也。墦，冢也。顾，望也。讪，怨詈也。施施，喜悦自得之貌。

[2] 孟子言自君子而观，今之求富贵者，皆若此人耳。使其妻妾见之，不羞而泣者少矣。言可羞之甚也。〇赵氏曰："言今之求富贵者，皆以枉曲之道，昏夜乞哀以求之，而以骄人于白日，与斯人何以异哉？"

卷第九

万 章 上

万章问曰："舜往于田，号泣于旻天，何为其号泣也？"孟子曰："怨慕也。"[1]万章曰："父母爱之，喜而不忘；父母恶之，劳而不怨。然则舜怨乎？"曰："长息问于公明高曰：'舜往于田，则吾既得闻命矣；号泣于旻天，于父母，则吾不知也。'公明高曰：'是非尔所知也。'夫公明高以孝子之心，为不若是恝，我竭力耕田，共为子职而已矣，父母之不我爱，于我何哉？[2]帝使其子九男二女，百官牛羊仓廪备，以事舜于畎亩之中。天下之士多就之者，帝将胥天下而迁之焉。为不顺于父母，如穷人无所归。[3]天下之士悦之，人之所欲也，而不足以解忧；好色，人之所欲，妻帝之二女，而不足以解忧；富，人之所欲，富有天下，而不足以解忧；贵，人之所欲，贵为天子，而不足以解忧。人悦之、好色、富贵，无足以解忧者，惟顺于父母，可以解忧。[4]人少，则慕父母；知好色，则慕少艾；有妻子，则慕妻子；仕则慕君，不得于君则热中。大孝终身慕父母。五十而慕者，予于大舜见之矣。"[5]

【朱子集注】

[1] 号，平声。○舜往于田，耕历山时也。仁覆闵下，谓之旻天。号泣于旻天，呼天而泣也。事见《虞书·大禹谟》篇。怨慕，怨己之不得其

亲而思慕也。

[2] 恶，去声。夫，音扶。恝，苦八反。共，平声。○长息，公明高弟子。公明高，曾子弟子。于父母，亦《书》辞，言呼父母而泣也。恝，无愁之貌。于我何哉，自责不知己有何罪耳，非怨父母也。杨氏曰："非孟子深知舜之心，不能为此言。盖舜惟恐不顺于父母，未尝自以为孝也。若自以为孝，则非孝矣。"

[3] 为，去声。○帝，尧也。《史记》云："二女妻之，以观其内；九男事之，以观其外。"又言："一年所居成聚，二年成邑，三年成都。"是天下之士就之也。胥，相视也。迁之，移以与之也。如穷人之无所归，言其怨慕迫切之甚也。

[4] 孟子推舜之心如此，以解上文之意。极天下之欲，不足以解忧，而惟顺于父母，可以解忧。孟子真知舜之心哉！

[5] 少、好，皆去声。○言常人之情，因物有迁，惟圣人为能不失其本心也。艾，美好也。《楚辞》、《战国策》所谓幼艾，义与此同。不得，失意也。热中，躁急心热心。言五十者，舜摄政时年五十也。五十而慕，则其终身慕可知矣。○此章言舜不以得众人之所欲为己乐，而以不顺乎亲之心为己忧。非圣人之尽性，其孰能之？

万章问曰："《诗》云：'娶妻如之何？必告父母。'信斯言也，宜莫如舜。舜之不告而娶，何也？"孟子曰："告则不得娶。男女居室，人之大伦也。如告，则废人之大伦，以怼父母，是以不告也。"[1]万章曰："舜之不告而娶，则吾既得闻命矣。帝之妻舜而不告，何也？"曰："帝亦知告焉则不得妻也。"[2]万章曰："父母使舜完廪，捐阶，瞽瞍焚廪。使浚井，出，从而掩之。象曰：'谟盖都君咸我绩。牛羊，父母；仓廪，父母。干戈，朕；琴，朕；弤，朕；二嫂，使治朕栖。'象往入舜宫，舜在床琴。象曰：'郁陶思君尔。'忸怩。舜曰：'惟兹臣庶,汝其于予治。’不识舜不知象之将杀己与?”曰:“奚而不知也?象忧亦忧,象喜亦喜。”[3]曰:“然则舜伪喜者与?”曰:“否。昔者有馈生鱼于郑子产,子产使校人畜之池。校人烹之,反命曰:‘始舍之,圉圉焉,少则洋洋焉;攸然而逝。’子产曰:‘得其所哉!得其所哉!’校人出,曰:‘孰谓子产智?予既烹而食之,曰:得其所哉,得其所哉。’故君子可欺以其方,难罔以非其道。彼以爱兄之道来,故诚信而喜之,奚伪焉?”[4]

【朱子集注】

[1] 怼,直类反。○《诗·齐国风·南山》之篇也。信,诚也,诚如此诗之言也。怼,仇怨也。舜父顽母嚚,常欲害舜。告则不听其娶,是废人之大伦,以仇怨于父母也。

[2] 妻,去声。○以女为人妻曰妻。程子曰:“尧妻舜而不告者,以君治之而已,如今之官府治民之私者亦多。”

[3] 弤,都礼反。忸,女六反。怩,音尼。与,平声。○完,治也。捐,去也。阶,梯也。掩,盖也。按《史记》曰:“使舜上涂廪,瞽瞍从下纵火焚廪,舜乃以两笠自捍而下,去,得不死。后又使舜穿井,舜穿井为匿空旁出。舜既入深,瞽瞍与象共下土实井,舜从匿空出,去。”即其事也。象,舜异母弟也。谟,谋也。盖,盖井也。舜所居三年成都,故谓之都君。咸,皆也。绩,功也。舜既入井,象不知舜已出,欲以杀舜为己功也。干,盾也。戈,戟也。琴,舜所弹五弦琴也。弤,琱弓也。象欲以舜之牛羊、仓廪与父母,而自取此物也。二嫂,尧二女也。栖,床也,象欲使为己妻也。象往舜宫,欲分取所有,见舜生在床弹琴,盖既出即潜归其宫也。郁陶,思之甚而气不得伸也。象言已思君之甚,故来见尔。忸怩,惭色也。臣庶,谓其百官也。象素憎舜,不至其宫,故舜见其来而喜,使之治其臣庶也。孟子言舜非不知其将杀己,但见其忧则忧,见其喜则喜,兄弟之

情，自有所不能已耳。万章所言，其有无不可知，然舜之心，则孟子有以知之矣，他亦不足辨也。程子曰：“象忧亦忧，象喜亦喜，人情天理，于是为至。”

[4] 与，平声。校，音效，又音教。畜，许六反。〇校人，主池沼小吏也。圉圉，困而未纾之貌。洋洋，则稍纵矣。攸然而逝者，自得而远去也。方，亦道也。罔，蒙蔽也。欺以其方，谓诳之以理之所有。罔以非其道，谓昧之以理之所无。象以爱兄之道来，所谓欺之以其方也。舜本不知其伪，故实喜之，何伪之有？〇此章又言舜遭人伦之变，而不失天理之常也。

万章问曰：“象日以杀舜为事。立为天子，则放之，何也？”孟子曰：“封之也，或曰放焉。”[1]万章曰：“舜流共工于幽州，放驩兜于崇山，杀三苗于三危，殛鲧于羽山，四罪而天下咸服，诛不仁也。象至不仁，封之有庳。有庳之人奚罪焉？仁人固如是乎？在他人则诛之，在弟则封之。”曰：“仁人之于弟也，不藏怒焉，不宿怨焉，亲爱之而已矣。亲之欲其贵也，爱之欲其富也。封之有庳，富贵之也。身为天子，弟为匹夫，可谓亲爱之乎？”[2]“敢问或曰放者，何谓也？”曰：“象不得有为于其国，天子使吏治其国，而纳其贡税焉，故谓之放。岂得暴彼民哉？虽然，欲常常而见之，故源源而来。‘不及贡，以政接于有庳’，此之谓也。”[3]

【朱子集注】

[1] 放，犹置也，置之于此，使不得去也。万章疑舜何不诛之，孟子言舜实封之，而或者误以为放也。

[2] 庳，音鼻。〇流，徙也。共工，官名。驩兜，人名。二人比周，相

与为党。三苗，国名，负固不服。杀，杀其君也。殛，诛也。鲧，禹父名，方命圮族，治水无功。皆不仁之人也。幽州、崇山、三危、羽山、有庳，皆地名也。或曰："今道州鼻亭，即有庳之地也。"未知是否。万章疑舜不当封象，使彼有庳之民无罪而遭象之虐，非仁人之心也。藏怒，谓藏匿其怒。宿怨，谓留蓄其怨。

[3] 孟子言象虽封为有庳之君，然不得治其国，天子使吏代之治，而纳其所收之贡税于象。有似于放，故或者以为放也。盖象至不仁，处之如此，则既不失吾亲爱之心，而彼亦不得虐有庳之民也。源源，若水之相继也。来，谓来朝觐也。不及贡，以政接于有庳，谓不待及诸侯朝贡之期，而以政事接见有庳之君。盖古书之辞，而孟子引以证源源而来之意，见其亲爱之无已如此也。○吴氏曰："言圣人不以公义废私恩，亦不以私恩害公义。舜之于象，仁之至，义之尽也。"

咸丘蒙问曰："语云：'盛德之士，君不得而臣，父不得而子。'舜南面而立，尧帅诸侯北面而朝之，瞽瞍亦北面而朝之。舜见瞽瞍，其容有蹙。孔子曰：'于斯时也，天下殆哉，岌岌乎！'不识此语诚然乎哉？"孟子曰："否。此非君子之言，齐东野人之语也。尧老而舜摄也。《尧典》曰：'二十有八载，放勋乃徂落，百姓如丧考妣。三年，四海遏密八音。'孔子曰：'天无二日，民无二王。'舜既为天子矣，又帅天下诸侯以为尧三年丧，是二天子矣。"[1] 咸丘蒙曰："舜之不臣尧，则吾既得闻命矣。《诗》云：'普天之下，莫非王土；率土之滨，莫非王臣。'而舜既为天子矣，敢问瞽瞍之非臣，如何？"曰："是诗也，非是之谓也。劳于王事，而不得养父母也。曰：'此莫非王事，我独贤劳也。'故说诗者，不以文害辞，不以辞害志。以意逆志，是为得之。如以辞而已矣，《云汉》之诗曰：‘周余黎民，靡有孑遗。’信斯言也，是周无遗民也。[2]孝子之至，莫大乎尊亲；尊亲之至，莫大乎以天下养。为天子父，尊之至也；以天下养，养之至也。《诗》曰：‘永言孝思，孝思维则。’此之谓也。[3]《书》曰：‘祗载见瞽瞍，夔夔齐栗，瞽瞍亦允若。’是为父不得而子也。”[4]

【朱子集注】

[1] 朝，音潮。岌，鱼及反。○咸丘蒙，孟子弟子。语者，古语也。蹙，颦蹙不自安也。岌岌，不安貌也。言人伦乖乱，天下将危也。齐东，齐国之东鄙也。孟子言尧但老不治事，而舜摄天子之事耳。尧在时，舜未尝即天子位，尧何由北面而朝乎？又引《书》及孔子之言以明之。《尧典》，《虞书》篇名。今此文乃见于《舜典》，盖古书二篇，或合为一耳。言舜摄位二十八年而尧死也。徂，升也。落，降也。人死则魂升而魄降，故古者谓死为徂落。遏，止也。密，静也。八音，金、石、丝、竹、匏、土、革、木，乐器之音也。

[2] 不臣尧，不以尧为臣，使北面而朝也。《诗·小雅·北山》之篇也。普，遍也。率，循也。此诗今毛氏序云：“役使不均，己劳于王事而不得养其父母焉。”其诗下文亦云：“大夫不均，我从事独贤。”乃作诗者自言，天下皆王臣，何为独使我以贤才而劳苦乎？非谓天子可臣其父也。文，字也。辞，语也。逆，迎也。《云汉》，《大雅》篇名也。孑，独立之貌。遗，脱也。言说诗之法，不可以一字而害一句之义，不可以一句而害设辞之志，当以己意迎取作者之志，乃可得之。若但以其辞而已，则如《云汉》所言，是周之民真无遗种矣。惟以意逆之，则知作诗者之志在于忧旱，而非真无遗民也。

[3] 养，去声。○言瞽瞍既为天子之父，则当享天下之养，此舜之所以为尊亲养亲之至也。岂有使之北面而朝之理乎？《诗·大雅·下武》之篇。言人能长言孝思而不忘，则可以为天下法则也。

[4] 见，音现。齐，侧皆反。○《书·大禹谟》篇也。祗，敬也。载，事也。夔夔齐栗，敬谨恐惧之貌。允，信也。若，顺也。言舜敬事瞽瞍，往而见之，敬谨如此，瞽瞍亦信而顺之也。孟子引此而言瞽瞍不能以不善及其子，而反见化于其子，则是所谓父不得而子者，而非如咸丘蒙之说也。

万章曰："尧以天下与舜，有诸？"孟子曰："否。天子不能以天下与人。"[1]"然则舜有天下也，孰与之？"曰："天与之。"[2]"天与之者，谆谆然命之乎？"[3]曰："否。天不言，以行与事示之而已矣。"[4]曰："以行与事示之者，如之何？"曰："天子能荐人于天，不能使天与之天下；诸侯能荐人于天子，不能使天子与之诸侯；大夫能荐人于诸侯，不能使诸侯与之大夫。昔者尧荐舜于天而天受之，暴之于民而民受之，故曰：'天不言，以行与事示之而已矣。'"[5]曰："敢问荐之于天而天受之，暴之于民而民受之，如何？"曰："使之主祭而百神享之，是天受之；使之主事而事治，百姓安之，是民受之也。天与之，人与之，故曰：天子不能以天下与人。[6]舜相尧二十有八载，非人之所能为也，天也。尧崩，三年之丧毕，舜避尧之子于南河之南。天下诸侯朝觐者，不之尧之子而之舜；讼狱者，不之尧之子而之舜；讴歌者，不讴歌尧之子而讴歌舜，故曰：天也。夫然后之中国，践天子位焉。而居尧之宫，逼尧之子，是篡也，非天与也。[7]《太誓》曰'天视自我民视，天听自我民听'，此之谓也。"[8]

【朱子集注】

[1] 天下者，天下之天下，非一人之私有故也。

［2］万章问而孟子答也。

［3］谆，之淳反。○万章问也。谆谆，详语之貌。

［4］行，去声，下同。○行之于身谓之行，措诸天下谓之事。言但因舜之行事，而示以与之之意耳。

［5］暴，步卜反，下同。○暴，显也。言下能荐人于上，不能令上必用之。舜为天人所受，是因舜之行与事，而示之以与之之意也。

［6］治，去声。

［7］相，去声。朝，音潮。夫，音扶。○南河，在冀州之南，其南即豫州也。讼狱，谓狱不决而讼之也。

［8］自，从也。天无形，其视听皆从于民之视听。民之归舜如此，则天与之可知矣。

万章问曰："人有言：'至于禹而德衰，不传于贤而传于子。'有诸？"孟子曰："否，不然也。天与贤，则与贤；天与子，则与子。昔者舜荐禹于天，十有七年，舜崩。三年之丧毕，禹避舜之子于阳城。天下之民从之，若尧崩之后，不从尧之子而从舜也。禹荐益于天，七年，禹崩。三年之丧毕，益避禹之子于箕山之阴。朝觐讼狱者不之益而之启，曰：'吾君之子也。'讴歌者不讴歌益而讴歌启，曰：'吾君之子也。'[1]丹朱之不肖，舜之子亦不肖。舜之相尧、禹之相舜也，历年多，施泽于民久。启贤，能敬承继禹之道。益之相禹也，历年少，施泽于民未久。舜、禹、益，相去久远。其子之贤不肖，皆天也，非人之所能为也。莫之为而为者，天也；莫之致而至者，命也。[2]匹夫而有天下者，德必若舜、禹而又有天子荐之者，故仲尼不有天下。[3]继世以有天下，天之所废，必若桀、纣者也，故益、伊尹、周公不有天下。[4]伊尹相汤以王于天下。汤崩，太丁未立，外丙二年，仲壬四年。太甲颠覆汤之典刑，伊尹放之于桐。三年，太甲悔过，自怨自艾，于桐处仁迁义。三年，以听伊尹之训己也，复归于亳。[5]周公之不有天下，犹益之于夏，伊尹之于殷也。[6]孔子曰：'唐、虞禅，夏后、殷、周继，其义一也。'"[7]

【朱子集注】

[1] 朝，音潮。〇阳城，箕山之阴，皆嵩山下深谷中可藏处也。启，禹之子也。杨氏曰："此语孟子必有所受，然不可考矣。但云天与贤则与贤，天与子则与子，可以见尧、舜、禹之心，皆无一毫私意也。"

[2] 之相之相，去声。相去之相，如字。〇尧、舜之子皆不肖，而舜、禹之为相久，此尧、舜之子所以不有天下，而舜、禹有天下也。禹之子贤，而益相不久，此启所以有天下而益不有天下也。然此皆非人力所为而自为，非人力所致而自至者。盖以理言之谓之天，自人言之谓之命，其实则一而已。

[3] 孟子因禹、益之事，历举此下两条以推明之。言仲尼之德，虽无愧于舜、禹，而无天子荐之者，故不有天下。

[4] 继世而有天下者，其先世皆有大功德于民，故必有大恶如桀、纣，则天乃废之。如启及太甲、成王虽不及益、伊尹、周公之贤圣，但能嗣守先业，则天亦不废之。故益、伊尹、周公，虽有舜、禹之德，而亦不有天下。

[5] 相、王，皆去声。艾，音乂。〇此承上文言伊尹不有天下之事。赵氏曰："太丁，汤之太子，未立而死。外丙立二年，仲壬立四年，皆太丁弟也。太甲，太丁子也。"程子曰："古人谓岁为年。汤崩时，外丙方二岁，仲壬方四岁，惟太甲差长，故立之也。"二说未知孰是。颠覆，坏乱也。典刑，常法也。桐，汤墓所在。艾，治也；《说文》云"芟草也"；盖斩绝自新之意。亳，商所都也。

［6］此复言周公所以不有天下之意。

［7］禅，音擅。○禅，授也。或禅或继，皆天命也。圣人岂有私意于其间哉？○尹氏曰："孔子曰：'唐、虞禅，夏后、商、周继，其义一也。'孟子曰：'天与贤则与贤，天与子则与子。'知前圣之心者，无如孔子 。继孔子者，孟子而已矣。"

万章问曰："人有言'伊尹以割烹要汤'，有诸？"[1]孟子曰："否，不然。伊尹耕于有莘之野，而乐尧、舜之道焉。非其义也，非其道也，禄之以天下，弗顾也；系马千驷，弗视也。非其义也，非其道也，一介不以与人，一介不以取诸人。[2]汤使人以币聘之，嚣嚣然曰：'我何以汤之聘币为哉？我岂若处畎亩之中，由是以乐尧、舜之道哉？'[3]汤三使往聘之，既而幡然改曰：'与我处畎亩之中，由是以乐尧、舜之道，吾岂若使是君为尧、舜之君哉？吾岂若使是民为尧、舜之民哉？吾岂若于吾身亲见之哉？[4]天之生此民也，使先知觉后知，使先觉觉后觉也。予，天民之先觉者也，予将以斯道觉斯民也。非予觉之而谁也？'[5]思天下之民匹夫匹妇有不被尧、舜之泽者，若己推而内之沟中。其自任以天下之重如此，故就汤而说之以伐夏救民。[6]吾未闻枉己而正人者也，况辱己以正天下者乎？圣人之行不同也，或远或近，或去或不去，归洁其身而已矣。[7]吾闻其以尧、舜之道要汤，未闻以割烹也。[8]《伊训》曰：'天诛造攻自牧宫，朕载自亳。'"[9]

【朱子集注】

［1］要，平声，下同。○要，求也。按《史记》，伊尹欲行道以致君而

无由，“乃为有莘氏之媵臣，负鼎俎，以滋味说汤，致于王道”。盖战国时有为此说者。

[2] 乐，音洛。○莘，国名。乐尧、舜之道者，诵其诗，读其书，而欣慕爱乐之也。驷，四匹也。介，与草芥之芥同，言其辞受取与，无大无细，一以道义而不苟也。

[3] 嚣，五高反，又户骄反。○嚣嚣，无欲自得之貌。

[4] 幡然，变动之貌。于吾身亲见之，言于我之身亲见其道之行，不徒诵说向慕之而已也。

[5] 此亦伊尹之言也。知，谓识其事之当然。觉，谓悟其理之所以然。觉后知后觉，如呼寐者而使之寤也。言天使者，天理当然，若使之也。程子曰：“予天民之先觉，谓我乃天生此民中，尽得民道而先觉者也。既为先觉之民，岂可不觉其未觉者？及彼之觉，亦非分我所有以予之也，皆彼自有此理，我但能觉之而已。”

[6] 推，吐回反。内，音纳。说，音税。○《书》曰：“昔先正保衡，作我先王，曰：‘予弗克俾厥后为尧、舜，其心愧耻，若挞于市。’一夫不获，则曰‘时予之辜’。”孟子之言盖取诸此。是时夏桀无道，暴虐其民，故欲使汤伐夏以救之。徐氏曰：“伊尹乐尧、舜之道。尧、舜揖逊，而伊尹说汤以伐夏者，时之不同，义则一也。”

[7] 行，去声。○辱己甚于枉己，正天下难于正人。若伊尹以割烹要汤，辱己甚矣，何以正天下乎？远，谓隐遁也。近，谓仕近君也。言圣人之行虽不必同，然其要归，在洁其身而已。伊尹岂肯以割烹要汤哉？

[8] 林氏曰：“以尧、舜之道要汤者，非实以是要之也，道在此而汤之聘自来耳。犹子贡言夫子之求之，异乎人之求之也。”愚谓此语亦犹前章所论父不得而子之意。

[9]《伊训》，《商书》篇名。孟子引以证伐夏救民之事也。今《书》牧宫作鸣条。造、载，皆始也。伊尹言始攻桀无道，由我始其事于亳也。

万章问曰：“或谓孔子于卫主痈疽，于齐主侍人瘠环，有诸乎?”孟子曰:“否,不然也。好事者为之也。[1]于卫主颜雠由。弥子之妻与子路之妻,兄弟也。弥子谓子路曰:‘孔子主我,卫卿可得也。’子路以告。孔子曰:‘有命。’孔子进以礼,退以义,得之不得曰‘有命’。而主痈疽与侍人瘠环,是无义无命也。[2]孔子不悦于鲁、卫。遭宋桓司马将要而杀之,微服而过宋。是时孔子当阨,主司城贞子,为陈侯周臣。[3]吾闻观近臣,以其所为主;观远臣,以其所主。若孔子主痈疽与侍人瘠环,何以为孔子?”[4]

【朱子集注】

[1] 痈,於容反。疽,七余反。好,去声。○主,谓舍于其家,以之为主人也。痈疽,疡医也。侍人,奄人也。瘠,姓;环,名。皆时君所近狎之人也。好事,谓喜造言生事之人也。

[2] 雠,如字,又音犨。○颜雠由,卫之贤大夫也,《史记》作颜浊邹。弥子,卫灵公幸臣弥子瑕也。徐氏曰:“礼主于辞逊,故进以礼;义主于制断,故退以义。难进而易退者也。在我者,有礼义而已,得之不得,则有命存焉。”

[3] 要,平声。○不悦,不乐居其国也。桓司马,宋大夫向魋也。司城贞子,亦宋大夫之贤者也。陈侯,名周。按《史记》:“孔子为鲁司寇,齐人馈女乐以间之,孔子遂行。适卫月余,去卫适宋。司马魋欲杀孔子,孔子去至陈,主于司城贞子。”孟子言孔子虽当阨难,然犹择所主,况在齐、卫无事之时,岂有主痈疽、侍人之事乎?

[4] 近臣,在朝之臣。远臣,远方来仕者。君子小人,各从其类,故观其所为主,与其所主者,而其人可知。

万章问曰:“或曰:‘百里奚自鬻于秦养牲者,五羊之皮,食牛，以要秦穆公。’信乎？”孟子曰：“否，不然。好事者为之也。[1]百里奚，虞人也。晋人以垂棘之璧与屈产之乘，假道于虞以伐虢，宫之奇谏，百里奚不谏。[2]知虞公之不可谏而去，之秦，年已七十矣，曾不知以食牛干秦穆公之为污也，可谓智乎？不可谏而不谏，可谓不智乎？知虞公之将亡而先去之，不可谓不智也。时举于秦，知穆公之可与有行也而相之，可谓不智乎？相秦而显其君于天下，可传于后世，不贤而能之乎？自鬻以成其君，乡党自好者不为，而谓贤者为之乎？”[3]

【朱子集注】

[1] 食，音嗣。好，去声，下同。○百里奚，虞之贤臣。人言其自卖于秦养牲者之家，得五羊之皮，而为之食牛，因以干秦穆公也。

[2] 屈，求勿反。乘，去声。○虞、虢，皆国名。垂棘之璧，垂棘之地所出之璧也。屈产之乘，屈地所生之良马也。乘，四匹也。晋欲伐虢，道经于虞，故以此物借道，其实欲并取虞。宫之奇，亦虞之贤臣。谏虞公令勿许，虞公不用，遂为晋所灭。百里奚知其不可谏，故不谏而去之。

[3] 相，去声。○自好，自爱其身之人也。孟子言百里奚之智如此，必知食牛以干主之为污。其贤又如此，必不肯自鬻以成其君也。然此事当孟子时，已无所据。孟子直以事理反覆推之，而知其必不然耳。○范氏曰：“古之圣贤未遇之时，鄙贱之事，不耻为之。如百里奚为人养牛，无足怪也。惟是人君不致敬尽礼，则不可得而见，岂有先自污辱以要其君哉？庄周曰：‘百里奚爵禄不入于心，故饭牛而牛肥，使穆公忘其贱而与之政。’亦可谓知百里奚矣。伊尹、百里奚之事，皆圣贤出处之大节，故孟子不得不辩。”尹氏曰：“当时好事者之论，大率类此。盖以其不正之心度圣贤也。”

卷第十

万章下

孟子曰："伯夷，目不视恶色，耳不听恶声。非其君不事，非其民不使。治则进，乱则退。横政之所出，横民之所止，不忍居也。思与乡人处，如以朝衣朝冠坐于涂炭也。当纣之时，居北海之滨，以待天下之清也。故闻伯夷之风者，顽夫廉，懦夫有立志。[1]伊尹曰：'何事非君？何使非民？'治亦进，乱亦进。曰：'天之生斯民也，使先知觉后知，使先觉觉后觉。予，天民之先觉者也，予将以此道觉此民也。'思天下之民匹夫匹妇有不与被尧、舜之泽者，若己推而内之沟中，其自任以天下之重也。[2]柳下惠，不羞污君，不辞小官。进不隐贤，必以其道。遗佚而不怨，厄穷而不悯。与乡人处，由由然不忍去也。'尔为尔，我为我，虽袒裼裸裎于我侧，尔焉能浼我哉？'故闻柳下惠之风者，鄙夫宽，薄夫敦。[3]孔子之去齐，接淅而行；去鲁，曰：'迟迟吾行也，去父母国之道也。'可以速而速，可以久而久，可以处而处，可以仕而仕，孔子也。"[4]孟子曰："伯夷，圣之清者也；伊尹，圣之任者也；柳下惠，圣之和者也；孔子，圣之时者也。[5]孔子之谓集大成。集大成也者，金声而玉振之也。金声也者，始条理也；玉振之也者，终条理也。始条理者，智之事也；终条理者，圣之事也。[6]智，譬则巧也；圣，譬则力也。由射于百步之外也，其至，尔力也；其中，非尔力也。”[7]

【朱子集注】

[1] 治，去声，下同。横，去声。朝，音潮。○横，谓不循法度。顽者，无知觉。廉者，有分辨。懦，柔弱也。余并见前篇。

[2] 与，音预。○何事非君，言所事即君。何使非民，言所使即民。无不可事之君，无不可使之民也。余见前篇。

[3] 鄙，狭陋也。敦，厚也。余见前篇。

[4] 淅，先历反。○接，犹承也。淅，渍米水也。渍米将炊，而欲去之速，故以手承水取米而行，不及炊也。举此一端，以见其久、速、仕、止，各当其可也。或曰："孔子去鲁，不税冕而行，岂得为迟？"杨氏曰："孔子欲去之意久矣，不欲苟去，故迟迟其行也。膰肉不至，则得以微罪行矣，故不税冕而行，非速也。"

[5] 张子曰："无所杂者清之极，无所异者和之极。勉而清，非圣人之清；勉而和，非圣人之和。所谓圣者，不勉不思而至焉者也。"孔氏曰："任者，以天下为己责也。"愚谓孔子仕、止、久、速，各当其可，盖兼三子之所以圣者而时出之，非如三子之可以一德名也。或疑伊尹出处，合乎孔子，而不得为圣之时，何也？程子曰："终是任底意思在。"

[6] 此言孔子集三圣之事，而为一大圣之事，犹作乐者，集众音之小成，而为一大成也。成者，乐之一终，《书》所谓"箫《韶》九成"是也。金，钟属。声，宣也，如声罪致讨之声。玉，磬也。振，收也，如振河海而不泄之振。始，始之也。终，终之也。条理，犹言脉络，指众音而言也。智者，知之所及。圣者，德之所就也。盖乐有八音：金、石、丝、竹、匏、土、革、木。若独奏一音，则其一音自为始终，而为一小成。犹三子之所知偏于一，而其所就亦偏于一也。八音之中，金、石为重，故特为众音之纲纪。又金始震而玉终诎然也，故并奏八音，则于其未作，而先击镈钟以宣其声；俟其既阕，而后击特磬以收其韵。宣以始之，收以终之。二者之间，

脉络通贯，无所不备，则合众小成而为一大成，犹孔子之知无不尽而德无不全也。“金声玉振，始终条理”，疑古《乐经》之言。故兒宽云：“惟天子建中和之极，兼总条贯，金声而玉振之。”亦此意也。

[7] 中，去声。○此复以射之巧、力，发明智、圣二字之义。见孔子巧、力俱全，而圣、智兼备。三子则力有余而巧不足，是以一节虽至于圣，而知不足以及乎时中也。○此章言三子之行，各极其一偏；孔子之道，兼全于众理。所以偏者，由其蔽于始，是以缺于终；所以全者，由其知之至，是以行之尽。三子犹春夏秋冬之各一其时，孔子则太和元气之流行于四时也。

北宫锜问曰：“周室班爵禄也，如之何？”[1]孟子曰：“其详不可得闻也。诸侯恶其害已也，而皆去其籍。然而轲也，尝闻其略也。[2]天子一位，公一位，侯一位，伯一位，子、男同一位，凡五等也。君一位，卿一位，大夫一位，上士一位，中士一位，下士一位，凡六等。[3]天子之制，地方千里，公、侯皆方百里，伯七十里，子、男五十里，凡四等。不能五十里，不达于天子，附于诸侯，曰附庸。[4]天子之卿受地视侯，大夫受地视伯，元士受地视子、男。[5]大国地方百里，君十卿禄，卿禄四大夫，大夫倍上士，上士倍中士，中士倍下士，下士与庶人在官者同禄，禄足以代其耕也。[6]次国地方七十里，君十卿禄，卿禄三大夫，大夫倍上士，上士倍中士，中士倍下士，下士与庶人在官者同禄，禄足以代其耕也。[7]小国地方五十里，君十卿禄，卿禄二大夫，大夫倍上士，上士倍中士，中士倍下士，下士与庶人在官者同禄，禄足以代其耕也。[8]耕者之所获，一夫百亩。百亩之粪，上农夫食九人，上次食八人，中食七人，中次食六人，下食五人。庶人在官者，其禄以是为差。”[9]

【朱子集注】

[1] 锜,鱼绮反。○北宫,姓;锜,名;卫人。班,列也。

[2] 恶,去声。去,上声。○当时诸侯兼并僭窃,故恶周制妨害己之所为也。

[3] 此班爵之制也。五等通于天下,六等施于国中。

[4] 此以下,班禄之制也。不能,犹不足也。小国之地不足五十里者,不能自达于天子,因大国以姓名通,谓之附庸,若春秋邾仪父之类是也。

[5] 视,比也。徐氏曰:“王畿之内,亦制都鄙受地也。”元士,上士也。

[6] 十,十倍之也。四,四倍之也。倍,加一倍也。徐氏曰:“大国君田三万二千亩,其入可食二千八百八十人。卿田三千二百亩,可食二百八十八人。大夫田八百亩,可食七十二人。上士田四百亩,可食三十六人。中士田二百亩,可食十八人。下士与庶人在官者田百亩,可食九人至五人。庶人在官,府史胥徒也。”愚按:君以下所食之禄,皆助法之公田,借农夫之力以耕而收其租。士之无田与庶人在官者,则但受禄于官,如田之入而已。

[7] 三,谓三倍之也。徐氏曰:“次国君田二万四千亩,可食二千一百六十人。卿田二千四百亩,可食二百十六人。”

[8] 二,即倍也。徐氏曰:“小国君田一万六千亩,可食千四百四十人。卿田一千六百亩,可食百四十四人。”

[9] 食,音嗣。○获,得也。一夫一妇,佃田百亩。加之以粪,粪多而力勤者为上农,其所收可供九人。其次用力不齐,故有此五等。庶人在官者,其受禄不同,亦有此五等也。○愚按:此章之说与《周礼》、《王制》不同,盖不可考,阙之可也。程子曰:“孟子之时,去先王未远,载籍未经秦火,然而班爵禄之制已不闻其详。今之礼书,皆掇拾于煨烬之余,而

多出于汉儒一时之傅会，奈何欲尽信而句为之解乎？然则其事固不可一一追复矣。”

万章问曰：“敢问友。”孟子曰：“不挟长，不挟贵，不挟兄弟而友。友也者，友其德也，不可以有挟也。[1]孟献子，百乘之家也，有友五人焉：乐正裘、牧仲，其三人，则予忘之矣。献子之与此五人者友也，无献子之家者也。此五人者，亦有献子之家，则不与之友矣。[2]非惟百乘之家为然也，虽小国之君亦有之。费惠公曰：‘吾于子思，则师之矣；吾于颜般，则友之矣；王顺、长息则事我者也。’[3]非惟小国之君为然也，虽大国之君亦有之。晋平公之于亥唐也，入云则入，坐云则坐，食云则食。虽疏食菜羹，未尝不饱，盖不敢不饱也。然终于此而已矣。弗与共天位也，弗与治天职也，弗与食天禄也，士之尊贤者也，非王公之尊贤也。[4]舜尚见帝，帝馆甥于贰室，亦飨舜，迭为宾主，是天子而友匹夫也。[5]用下敬上，谓之贵贵；用上敬下，谓之尊贤。贵贵、尊贤，其义一也。”[6]

【朱子集注】

[1] 挟者，兼有而恃之之称。

[2] 乘，去声，下同。〇孟献子，鲁之贤大夫仲孙蔑也。张子曰：“献子忘其势，五人者忘人之势。不资其势而利其有，然后能忘人之势。若五人者有献子之家，则反为献子之所贱矣。”

[3] 费，音祕。般，音班。〇惠公，费邑之君也。师，所尊也。友，所敬也。事我者，所使也。

[4] 疏食之食，音嗣。平公、王公下，诸本多无“之”字，疑阙文也。

○亥唐，晋贤人也。平公造之，唐言入，公乃入；言坐，乃坐；言食，乃食也。疏食，粝饭也。不敢不饱，敬贤者之命也。范氏曰："位曰天位，职曰天职，禄曰天禄，言天所以待贤人，使治天民，非人君所得专者也。"

[5] 尚，上也。舜上而见于帝尧也。馆，舍也。礼，妻父曰外舅。谓我舅者，吾谓之甥。尧以女妻舜，故谓之甥。贰室，副宫也。尧舍舜于副宫，而就飨其食。

[6] 贵贵、尊贤，皆事之宜者。然当时但知贵贵，而不知尊贤，故孟子曰"其义一也"。○此言朋友人伦之一，所以辅仁，故以天子友匹夫而不为诎，以匹夫友天子而不为僭。此尧、舜所以为人伦之至，而孟子言必称之也。

万章问曰："敢问交际何心也？"孟子曰："恭也。"[1] 曰："却之却之为不恭，何哉？"曰："尊者赐之，曰'其所取之者，义乎？不义乎？'而后受之，以是为不恭，故弗却也。"[2] 曰："请无以辞却之，以心却之，曰'其取诸民之不义也'，而以他辞无受，不可乎？"曰："其交也以道，其接也以礼，斯孔子受之矣。"[3] 万章曰："今有御人于国门之外者，其交也以道，其馈也以礼，斯可受御与？"曰："不可。《康诰》曰：'杀越人于货，闵不畏死，凡民罔不譈。'是不待教而诛者也。殷受夏，周受殷，所不辞也。于今为烈，如之何其受之？"[4] 曰："今之诸侯取之于民也，犹御也。苟善其礼际矣，斯君子受之，敢问何说也？"曰："子以为有王者作，将比今之诸侯而诛之乎？其教之不改而后诛之乎？夫谓非其有而取之者盗也，充类至义之尽也。孔子之仕于鲁也，鲁人猎较，孔子亦猎较。猎较犹可，而况受其赐乎？"[5] 曰："然则孔子之仕也，非事道与？"曰："事道也。""事道奚猎较也？"曰："孔子先簿正祭器，不以四方之食供簿正。"曰："奚不去也？"曰："为之兆也。兆足以行矣，而不行，而后去，是以未尝有所终三年淹也。[6]孔子有见行可之仕，有际可之仕，有公养之仕。于季桓子，见行可之仕也；于卫灵公，际可之仕也；于卫孝公，公养之仕也。"[7]

【朱子集注】

[1] 际，接也。交际，谓人以礼仪币帛相交接也。

[2] 却，不受而还之也。再言之，未详。万章疑交际之间有所却者，人便以为不恭，何哉？孟子言尊者之赐，而心窃计其所以得此物者，未知合义与否，必其合义，然后可受，不然则却之矣，所以却之为不恭也。

[3] 万章以为彼既得之不义，则其馈不可受。但无以言语问而却之，直以心度其不义，而托于他辞以却之，如此可否耶？交以道，如馈赆、闻戒、周其饥饿之类。接以礼，谓辞命恭敬之节。孔子受之，如受阳货烝豚之类也。

[4] 与，平声。譈，《书》作憝，徒对反。○御，止也。止人而杀之，且夺其货也。国门之外，无人之处也。万章以为苟不问其物之所从来，而但观其交接之礼，则设有御人者，用其御得之货以礼馈我，则可受之乎？《康诰》，《周书》篇名。越，颠越也。今《书》闵作愍，无凡民二字。譈，怨也。言杀人而颠越之，因取其货，闵然不知畏死，凡民无不怨之。孟子言此乃不待教戒而当即诛者也。如何而可受之乎？"商受"至"为烈"十四字，语意不伦。李氏以为此必有断简或阙文者，近之。而愚意其直为衍字耳。然不可考，姑阙之可也。

[5] 比，去声。夫，音扶。较，音角。○比，连也。言今诸侯之取于民，固多不义，然有王者起，必不连合而尽诛之。必教之不改而后诛之，则其与御人之盗，不待教而诛者不同矣。夫御人于国门之外，与非其有而取之，二者固皆不义之类，然必御人，乃为真盗。其谓非有而取为盗

者，乃推其类，至于义之至精至密之处而极言之耳，非便以为真盗也。然则今之诸侯，虽曰取非其有，而岂可遽以同于御人之盗也哉？又引孔子之事，以明世俗所尚，犹或可从，况受其赐，何为不可乎？猎较，未详。赵氏以为田猎相较，夺禽兽之祭。孔子不违，所以小同于俗也。张氏以为猎而较所获之多少也。二说未知孰是。

[6] 与，平声。○此因孔子事而反覆辩论也。事道者，以行道为事也。事道奚猎较也，万章问也。先簿正祭器，未详。徐氏曰："先以簿书正其祭器，使有定数，不以四方难继之物实之。夫器有常数、实有常品，则其本正矣，彼猎较者，将久而自废矣。"未知是否也。兆，犹卜之兆，盖事之端也。孔子所以不去者，亦欲小试行道之端，以示于人，使知吾道之果可行也。若其端既可行，而人不能遂行之，然后不得已而必去之。盖其去虽不轻，而亦未尝不决，是以未尝终三年留于一国也。

[7] 见行可，见其道之可行也。际可，接遇以礼也。公养，国君养贤之礼也。季桓子，鲁卿季孙斯也。卫灵公，卫侯元也。孝公，《春秋》、《史记》皆无之，疑出公辄也。因孔子仕鲁，而言其仕有此三者。故于鲁，则兆足以行矣，而不行，然后去。而于卫之事，则又受其交际问馈而不却之一验也。○尹氏曰："不闻孟子之义，则自好者为於陵仲子而已。圣贤辞受进退，惟义所在。"愚按：此章文义多不可晓，不必强为之说。

孟子曰："仕非为贫也，而有时乎为贫；娶妻非为养也，而有时乎为养。[1]为贫者，辞尊居卑，辞富居贫。[2]辞尊居卑，辞富居贫，恶乎宜乎？抱关击柝。[3]孔子尝为委吏矣，曰'会计当而已矣'。尝为乘田矣，曰'牛羊茁壮，长而已矣'。[4]位卑而言高，罪也；立乎人之本朝，而道不行，耻也。"[5]

【朱子集注】

[1] 为、养，并去声，下同。○仕本为行道，而亦有家贫亲老，或道与

时违，而但为禄仕者。如娶妻本为继嗣，而亦有为不能亲操井臼，而欲资其馈养者。

[2] 贫富，谓禄之厚薄。盖仕不为道，已非出处之正，故其所处但当如此。

[3] 恶，平声。柝，音托。○柝，行夜所击木也。盖为贫者虽不主于行道，而亦不可以苟禄。故惟抱关击柝之吏，位卑禄薄，其职易称，为所宜居也。李氏曰："道不行矣，为贫而仕者，此其律令也。若不能然，则是贪位慕禄而已矣。"

[4] 委，乌伪反。会，工外反。当，丁浪反。乘，去声。茁，阻刮反。长，上声。○此孔子之为贫而仕者也。委吏，主委积之吏也。乘田，主苑囿刍牧之吏也。茁，肥貌。言以孔子大圣，而尝为贱官，不以为辱者，所谓为贫而仕，官卑禄薄，而职易称也。

[5] 朝，音潮。○以出位为罪，则无行道之责；以废道为耻，则非窃禄之官，此为贫者之所以必辞尊富而宁处贫贱也。○尹氏曰："言为贫者不可以居尊，居尊者必欲以行道。"

万章曰："士之不托诸侯，何也？"孟子曰："不敢也。诸侯失国，而后托于诸侯，礼也；士之托于诸侯，非礼也。"[1]万章曰："君馈之粟，则受之乎？"曰："受之。""受之何义也？"曰："君之于氓也，固周之。"[2]曰："周之则受，赐之则不受，何也？"曰："不敢也。"曰："敢问其不敢何也？"曰："抱关击柝者，皆有常职以食于上。无常职而赐于上者，以为不恭也。"[3]曰："君馈之则受之，不识可常继乎？"曰："缪公之于子思也，亟问，亟馈鼎肉。子思不悦。于卒也，摽使者出诸大门之外，北面稽首再拜而不受。曰：'今而后知君之犬马畜伋。'盖自是台无馈也。悦贤不能举，又不能养也，可谓悦贤乎？”[4]曰：“敢问国君欲养君子，如何斯可谓养矣？”曰：“以君命将之，再拜稽首而受。其后廪人继粟，庖人继肉，不以君命将之。子思以为鼎肉使己仆仆尔亟拜也，非养君子之道也。[5]尧之于舜也，使其子九男事之，二女女焉，百官牛羊仓廪备，以养舜于畎亩之中，后举而加诸上位，故曰：王公之尊贤者也。”[6]

【朱子集注】

[1] 托，寄也，谓不仕而食其禄也。古者诸侯出奔他国，食其廪饩，谓之寄公。士无爵土，不得比诸侯。不仕而食禄，则非礼也。

[2] 周，救也。视其空乏，则周恤之，无常数，君待民之礼也。

[3] 赐，谓予之禄，有常数，君所以待臣之礼也。

[4] 亟，去声，下同。摽，音杓。使，去声。〇亟，数也。鼎肉，熟肉也。卒，末也。摽，麾也。数以君命来馈，当拜受之，非养贤之礼，故不悦。而于其末后复来馈时，麾使者出，拜而辞之。犬马畜伋，言不以人礼待己也。台，贱官，主使令者。盖缪公愧悟，自此不复令台来致馈也。举，用也。能养者未必能用也，况又不能养乎？

[5] 初以君命来馈，则当拜受。其后有司各以其职继续所无，不以君命来馈，不使贤者有亟拜之劳也。仆仆，烦猥貌。

[6] 女，下字去声。〇能养能举，悦贤之至也。惟尧、舜为能尽之，而后世之所当法也。

万章曰：“敢问不见诸侯，何义也？”孟子曰：“在国曰市井之臣，在野曰草莽之臣，皆谓庶人。庶人不传质为臣，不敢见于诸侯，礼也。”[1]万章曰：“庶人，召之役，则往役；君欲见之，召之，则不往见之，何也？”曰：“往役，义也；往见，不义也。[2]且君之欲见之也，何为也哉？”曰：“为其多闻也，为其贤也。”曰：“为其多闻也，则天子不召师，而况诸侯乎？为其贤也，则吾未闻欲见贤而召之也。[3]缪公亟见于子思，曰：‘古千乘之国以友士，何如？’子思不悦，曰：‘古之人有言：曰事之云乎，岂曰友之云乎？’子思之不悦也，岂不曰：‘以位，则子君也，我臣也，何敢与君友也？以德，则子事我者也，奚可以与我友？’千乘之君，求与之友而不可得也，而况可召与？[4]齐景公田，招虞人以旌，不至，将杀之。志士不忘在沟壑，勇士不忘丧其元。孔子奚取焉？取非其招不往也。”[5]曰：“敢问招虞人何以？”曰：“以皮冠。庶人以旃，士以旂，大夫以旌。[6]以大夫之招招虞人，虞人死不敢往。以士之招招庶人，庶人岂敢往哉？况乎以不贤人之招招贤人乎？[7]欲见贤人而不以其道，犹欲其入而闭之门也。夫义，路也；礼，门也。惟君子能由是路，出入是门也。《诗》云：‘周道如底，其直如矢。君子所履，小人所视。’”[8]万章曰：“孔子，君命召，不俟驾而行。然则孔子非与？”曰：“孔子当仕有官职，而以其官召之也。”[9]

【朱子集注】

[1] 质，与贽同。○传，通也。质者，士执雉，庶人执鹜，相见以自通者也。国内莫非君臣，但未仕者与执贽在位之臣不同，故不敢见也。

[2] 往役者，庶人之职；不往见者，士之礼。

[3] 为，并去声。

[4] 亟、乘，皆去声。召与之与，平声。○孟子引子思之言而释之，以明不可召之意。

[5] 丧,息浪反。〇说见前篇。

[6] 皮冠,田猎之冠也。事见《春秋传》。然则皮冠者,虞人之所有事也,故以是招之。庶人,未仕之臣。通帛曰旃。士,谓已仕者。交龙为旂。析羽而注于旂干之首曰旌。

[7] 欲见而召之,是不贤人之招也。以士之招招庶人,则不敢往。以不贤人之招招贤人,则不可往矣。

[8] 夫,音扶。底,《诗》作砥,之履反。〇《诗·小雅·大东》之篇。底与砥同,砺石也,言其平也。矢,言其直也。视,视以为法也。引此以证上文能由是路之义。

[9] 与,平声。〇孔子方仕而任职,君以其官名召之,故不俟驾而行。徐氏曰:"孔子、孟子,易地则皆然。"〇此章言不见诸侯之义,最为详悉,更合陈代、公孙丑所问者而观之,其说乃尽。

孟子谓万章曰:"一乡之善士,斯友一乡之善士;一国之善士,斯友一国之善士;天下之善士,斯友天下之善士。[1]以友天下之善士为未足,又尚论古之人。颂其诗,读其书,不知其人,可乎?是以论其世也,是尚友也。"[2]

【朱子集注】

[1] 言己之善盖于一乡,然后能尽友一乡之善士。推而至于一国、天下皆然,随其高下以为广狭也。

[2] 尚、上同。言进而上也。颂、诵通。论其世,论其当世行事之迹也。言既观其言,则不可以不知其为人之实,是以又考其行也。夫能友天下之善士,其所友众矣。犹以为未足,又进而取于古人,是能进其取友之道,而非止为一世之士矣。

齐宣王问卿。孟子曰:"王何卿之问也?"王曰:"卿不同乎?”曰:“不同。有贵戚之卿,有异姓之卿。”王曰:“请问贵戚之卿。”曰:“君有大过则谏,反覆之而不听,则易位。”[1]王勃然变乎色。[2]曰:“王勿异也。王问臣,臣不敢不以正对。”[3]王色定,然后请问异姓之卿。曰:“君有过则谏,反覆之而不听,则去。”[4]

【朱子集注】

[1] 大过,谓足以亡其国者。易位,易君之位,更立亲戚之贤者。盖与君有亲亲之恩,无可去之义。以宗庙为重,不忍坐视其亡,故不得已而至于此也。

[2] 勃然,变色貌。

[3] 孟子言也。

[4] 君臣义合,不合则去。○此章言大臣之义,亲疏不同,守经行权,各有其分。贵戚之卿,小过非不谏也,但必大过而不听,乃可易位。异姓之卿,大过非不谏也,虽小过而不听,已可去矣。然三仁贵戚,不能行之于纣;而霍光异姓,乃能行之于昌邑。此又委任权力之不同,不可以执一论也。

卷第十一

告子上

告子曰："性，犹杞柳也；义，犹桮棬也。以人性为仁义，犹以杞柳为桮棬。"[1]孟子曰："子能顺杞柳之性而以为桮棬乎？将戕贼杞柳而后以为桮棬也？如将戕贼杞柳而以为桮棬，则亦将戕贼人以为仁义与？率天下之人而祸仁义者，必子之言夫！"[2]

【朱子集注】

[1] 桮，音杯。棬，丘圆反。○性者，人生所禀之天理也。杞柳，柜柳。桮棬，屈木所为，若卮匜之属。告子言人性本无仁义，必待矫揉而后成，如荀子性恶之说也。

[2] 戕，音墙。与，平声。夫，音扶。○言如此，则天下之人皆以仁义为害性而不肯为，是因子之言而为仁义之祸也。

告子曰："性犹湍水也，决诸东方则东流，决诸西方则西流。人性之无分于善不善也，犹水之无分于东西也。"[1]孟子曰："水信无分于东西，无分于上下乎？人性之善也，犹水之就下也。人无有不善，水无有不下。[2]今夫水，搏而跃之，可使过颡；激而行之，可使在山。是岂水之性哉？其势则然也。人之可使为不善，其性亦犹是也。"[3]

【朱子集注】

[1] 湍，他端反。○湍，波流潆回之貌也。告子因前说而小变之，近于扬子善恶混之说。

[2] 言水诚不分东西矣，然岂不分上下乎？性即天理，未有不善者也。

[3] 夫，音扶。搏，补各反。○搏，击也。跃，跳也。颡，额也。水之过额、在山，皆不就下也。然其本性未尝不就下，但为搏激所使而逆其性耳。○此章言性本善，故顺之而无不善；本无恶，故反之而后为恶。非本无定体，而可以无所不为也。

告子曰："生之谓性。"[1] 孟子曰："生之谓性也，犹白之谓白与？"曰："然。""白羽之白也，犹白雪之白；白雪之白，犹白玉之白与？"曰："然。"[2]"然则犬之性犹牛之性，牛之性犹人之性与？"[3]

【朱子集注】

[1] 生，指人物之所以知觉运动者而言。告子论性，前后四章，语虽不同，然其大指不外乎此，与近世佛氏所谓作用是性者略相似。

[2] 与，平声，下同。○白之谓白，犹言凡物之白者同谓之白，更无差别也。白羽以下，孟子再问，而告子曰然，则是谓凡有生者同是一性矣。

[3] 孟子又言，若果如此，则犬牛与人皆有知觉，皆能运动，其性皆无以异矣。于是告子自知其说之非而不能对也。○愚按：性者，人之所得于天之理也；生者，人之所得于天之气也。性，形而上者也；气，形而下者也。人物之生，莫不有是性，亦莫不有是气。然以气言之，则知觉运动，人与物若不异也；以理言之，则仁义礼智之禀，岂物之所得而全哉？此人之性所以无不善，而为万物之灵也。告子不知性之为理，而以所谓

气者当之，是以杞柳、湍水之喻，食色无善无不善之说，纵横缪戾，纷纭舛错，而此章之误乃其本根。所以然者，盖徒知知觉运动之蠢然者，人与物同；而不知仁义礼智之粹然者，人与物异也。孟子以是折之，其义精矣。

告子曰："食色，性也。仁，内也，非外也；义，外也，非内也。"[1]孟子曰："何以谓仁内义外也？"曰："彼长而我长之，非有长于我也，犹彼白而我白之，从其白于外也，故谓之外也。"[2]曰："异于白马之白也，无以异于白人之白也。不识长马之长也，无以异于长人之长与？且谓长者义乎？长之者义乎？"[3]曰："吾弟则爱之，秦人之弟则不爱也，是以我为悦者也，故谓之内。长楚人之长，亦长吾之长，是以长为悦者也，故谓之外也。"[4]曰："耆秦人之炙，无以异于耆吾炙。夫物则亦有然者也，然则耆炙亦有外与？"[5]

【朱子集注】

[1] 告子以人之知觉运动者为性，故言人之甘食悦色者即其性。故仁爱之心生于内，而事物之宜由乎外。学者但当用力于仁，而不必求合于义也。

[2] 长，上声，下同。○我长之，我以彼为长也。我白之，我以彼为白也。

[3] 与，平声，下同。○张氏曰："上异于二字宜衍。"李氏曰："或有阙文焉。"愚按：白马、白人，所谓彼白而我白之也。长马、长人，所谓彼长而我长之也。白马、白人不异，而长马、长人不同，是乃所谓义也。义不在彼之长，而在我长之之心，则义之非外明矣。

[4] 言爱主于我，故仁在内；敬主于长，故义在外。

[5] 耆与嗜同。夫，音扶。○言长之耆之，皆出于心也。林氏曰：

“告子以食色为性，故因其所明者而通之。”○自篇首至此四章，告子之辩屡屈，而屡变其说以求胜，卒不闻其能自反而有所疑也。此正其所谓不得于言，勿求于心者，所以卒于卤莽而不得其正也。

孟季子问公都子曰：“何以谓义内也？”[1]曰：“行吾敬，故谓之内也。”[2]“乡人长于伯兄一岁，则谁敬？”曰：“敬兄。”“酌则谁先？”曰：“先酌乡人。”“所敬在此，所长在彼，果在外，非由内也。”[3]公都子不能答，以告孟子。孟子曰：“敬叔父乎？敬弟乎？彼将曰‘敬叔父’。曰：‘弟为尸，则谁敬？’彼将曰‘敬弟。’子曰：‘恶在其敬叔父也？’彼将曰‘在位故也。’子亦曰：‘在位故也。庸敬在兄，斯须之敬在乡人。’”[4]季子闻之曰：“敬叔父则敬，敬弟则敬，果在外，非由内也。”公都子曰：“冬日则饮汤，夏日则饮水，然则饮食亦在外也？”[5]

【朱子集注】

[1] 孟季子，疑孟仲子之弟也。盖闻孟子之言而未达，故私论之。

[2] 所敬之人虽在外，然知其当敬，而行吾心之敬以敬之，则不在外也。

[3] 长，上声。○伯，长也。酌，酌酒也。此皆季子问、公都子答。而季子又言，如此则敬长之心，果不由中出也。

[4] 恶，平声。○尸，祭祀所主以象神，虽子弟为之，然敬之当如祖考也。在位，弟在尸位，乡人在宾客之位也。庸，常也。斯须，暂时也。言因时制宜，皆由中出也。

[5] 此亦上章耆炙之意。○范氏曰：“二章问答，大指略同，皆反覆譬喻以晓当世，使明仁义之在内，则知人之性善，而皆可以为尧、舜矣。”

者，恭之主于中者也。铄，以火销金之名，自外以至内也。算，数也。言四者之心人所固有，但人自不思而求之耳。所以善恶相去之远，由不思不求而不能扩充以尽其才也。前篇言是四者为仁义礼智之端，而此不言端者，彼欲其扩而充之，此直因用以著其本体，故言有不同耳。

[8] 好，去声。○《诗·大雅·烝民》之篇。蒸，《诗》作烝，众也。物，事也。则，法也。夷，《诗》作彝，常也。懿，美也。有物必有法，如有耳目则有聪明之德，有父子则有慈孝之心，是民所秉执之常性也，故人之情无不好此懿德者。以此观之，则人性之善可见，而公都子所问之三说，皆不辩而自明矣。○程子曰："性即理也，理则尧、舜至于涂人一也。才禀于气，气有清浊，禀其清者为贤，禀其浊者为愚。学而知之，则气无清浊，皆可至于善而复性之本，汤、武身之是也。孔子所言下愚不移者，则自暴自弃之人也。"又曰："论性不论气，不备；论气不论性，不明。二之则不是。"张子曰："形而后有气质之性，善反之则天地之性存焉。故气质之性，君子有弗性者焉。"愚按：程子此说才字，与孟子本文小异。盖孟子专以其发于性者言之，故以为才无不善；程子兼指其禀于气者言之，则人之才固有昏明强弱之不同矣，张子所谓气质之性是也。二说虽殊，各有所当，然以事理考之，程子为密。盖气质所禀虽有不善，而不害性之本善；性虽本善，而不可以无省察矫揉之功。学者所当深玩也。

孟子曰："富岁，子弟多赖；凶岁，子弟多暴。非天之降才尔殊也，其所以陷溺其心者然也。[1] 今夫麰麦，播种而耰之，其地同，树之时又同，浡然而生，至于日至之时，皆熟矣。虽有不同，则地有肥硗，雨露之养，人事之不齐也。[2] 故凡同类者，举相似也，何独至于人而疑之？圣人与我同类者。[3] 故龙子曰：'不知足而为屦，我知其不为蒉也。'屦之相似，天下之足同也。[4] 口之于味，有同耆也。易牙，先得我口之所耆者也。如使口之于味也，其性与人殊，若犬马之与我不同

公都子曰："告子曰：'性无善无不善也。'[1]或
以为善，可以为不善。是故文、武兴，则民好善；幽
民好暴。'[2]或曰：'有性善，有性不善。是故以尧
象；以瞽瞍为父而有舜；以纣为兄之子且以为君，
启、王子比干。'[3]今曰'性善'，然则彼皆非与？"[4
"乃若其情，则可以为善矣，乃所谓善也。[5]若夫为
才之罪也。[6]恻隐之心，人皆有之；羞恶之心，人皆
敬之心，人皆有之；是非之心，人皆有之。恻隐之
羞恶之心，义也；恭敬之心，礼也；是非之心，智也。
智，非由外铄我也，我固有之也，弗思耳矣。故曰：
之，舍则失之。'或相倍蓰而无算者，不能尽其才
《诗》曰：'天生蒸民，有物有则。民之秉夷，好是懿德
曰：'为此诗者，其知道乎！故有物必有则，民之秉
好是懿德。'"[8]

【朱子集注】

[1] 此亦生之谓性、食色性也之意，近世苏氏、胡氏之说盖

[2] 好，去声。○此即湍水之说也。

[3] 韩子性有三品之说盖如此。按此文，则微子、比干皆
而《书》称微子为商王元子，疑此或有误字。

[4] 与，平声。

[5] 乃若，发语辞。情者，性之动也。人之情，本但可以为
以为恶，则性之本善可知矣。

[6] 夫，音扶。○才，犹材质，人之能也。人有是性，则有是
善则才亦善。人之为不善，乃物欲陷溺而然，非其才之罪也。

[7] 恶，去声。舍，上声。蓰，音师。○恭者，敬之发于外

类也，则天下何耆皆从易牙之于味也？至于味，天下期于易牙，是天下之口相似也。[5]惟耳亦然。至于声，天下期于师旷，是天下之耳相似也。[6]惟目亦然。至于子都，天下莫不知其姣也。不知子都之姣者，无目者也。[7]故曰：口之于味也，有同耆焉；耳之于声也，有同听焉；目之于色也，有同美焉。至于心，独无所同然乎？心之所同然者何也？谓理也，义也。圣人先得我心之所同然耳。故理义之悦我心，犹刍豢之悦我口。"[8]

【朱子集注】

[1] 富岁，丰年也。赖，藉也。丰年衣食饶足，故有所顾藉而为善；凶年衣食不足，故有以陷溺其心而为暴。

[2] 夫，音扶。麰，音牟。耰，音忧。硗，苦交反。○麰，大麦也。耰，覆种也。日至之时，谓当成熟之期也。硗，瘠薄也。

[3] 圣人亦人耳，其性之善，无不同也。

[4] 蒉，音匮。○蒉，草器也。不知人足之大小而为之屦，虽未必适中，然必似足形，不至成蒉也。

[5] 耆与嗜同，下同。○易牙，古之知味者。言易牙所调之味，则天下皆以为美也。

[6] 师旷，能审音者也。言师旷所和之音，则天下皆以为美也。

[7] 姣，古卯反。○子都，古之美人也。姣，好也。

[8] 然，犹可也。草食曰刍，牛羊是也。谷食曰豢，犬豕是也。程子曰："在物为理，处物为义，体用之谓也。孟子言人心无不悦理义者，但圣人则先知先觉乎此耳，非有以异于人也。"程子又曰："理义之悦我心，犹刍豢之悦我口。"此语亲切有味。须实体察得理义之悦心，真犹刍豢之悦口，始得。

孟子曰："牛山之木尝美矣，以其郊于大国也，斧斤伐之，可以为美乎？是其日夜之所息，雨露之所润，非无萌蘖之生焉，牛羊又从而牧之，是以若彼濯濯也。人见其濯濯也，以为未尝有材焉，此岂山之性也哉？[1]虽存乎人者，岂无仁义之心哉？其所以放其良心者，亦犹斧斤之于木也，旦旦而伐之，可以为美乎？其日夜之所息，平旦之气，其好恶与人相近也者几希，则其旦昼之所为，有梏亡之矣。梏之反覆，则其夜气不足以存；夜气不足以存，则其违禽兽不远矣。人见其禽兽也，而以为未尝有才焉者，是岂人之情也哉？[2]故苟得其养，无物不长；苟失其养，无物不消。[3]孔子曰：'操则存，舍则亡；出入无时，莫知其乡。'惟心之谓与？"[4]

【朱子集注】

[1] 蘖，五割反。○牛山，齐之东南山也。邑外谓之郊。言牛山之木，前此固尝美矣，今为大国之郊，伐之者众，故失其美耳。息，生长也。日夜之所息，谓气化流行未尝间断，故日夜之间，凡物皆有所生长也。萌，芽也。蘖，芽之旁出者也。濯濯，光洁之貌。材，材木也。言山木虽伐，犹有萌蘖，而牛羊又从而害之，是以至于光洁而无草木也。

[2] 好、恶，并去声。○良心者，本然之善心，即所谓仁义之心也。平旦之气，谓未与物接之时清明之气也。好恶与人相近，言得人心之所同然也。几希，不多也。梏，械也。反覆，展转也。言人之良心虽已放失，然其日夜之间，亦必有所生长。故平旦未与物接，其气清明之际，良心必犹有发见者。但其发见至微，而旦昼所为之不善，又已随而梏亡之，如山木既伐，犹有萌蘖，而牛羊又牧之也。昼之所为，既有以害其夜之所息；夜之所息，又不能胜其昼之所为，是以展转相害。至于夜气之生，日以寖薄，而不足以存其仁义之良心，则平旦之气亦不能清，而所好恶遂与

人远矣。

[3] 长,上声。○山木人心,其理一也。

[4] 舍,音捨。与,平声。○孔子言心,操之则在此,舍之则失去,其出入无定时,亦无定处如此。孟子引之,以明心之神明不测,得失之易,而保守之难,不可顷刻失其养。学者当无时而不用其力,使神清气定,常如平旦之时,则此心常存,无适而非仁义也。程子曰:"心岂有出入?亦以操舍而言耳。操之之道,敬以直内而已。"○愚闻之师曰:"人,理义之心未尝无,惟持守之即在尔。若于旦昼之间不至梏亡,则夜气愈清。夜气清,则平旦未与物接之时,湛然虚明气象自可见矣。"孟子发此夜气之说,于学者极有力,宜熟玩而深省之也。

孟子曰:"无或乎王之不智也。[1]虽有天下易生之物也,一日暴之,十日寒之,未有能生者也。吾见亦罕矣,吾退而寒之者至矣,吾如有萌焉何哉?[2]今夫弈之为数,小数也;不专心致志,则不得也。弈秋,通国之善弈者也。使弈秋诲二人弈,其一人专心致志,惟弈秋之为听。一人虽听之,一心以为有鸿鹄将至,思援弓缴而射之。虽与之俱学,弗若之矣。为是其智弗若与?曰:非然也。"[3]

【朱子集注】

[1] 或,与惑同,疑怪也。王,疑指齐王。

[2] 易,去声。暴,步卜反。见,音现。○暴,温之也。我见王之时少,犹一日暴之也;我退则谄谀杂进之日多,是十日寒之也。虽有萌蘖之生,我亦安能如之何哉?

[3] 夫,音扶。缴,音灼。射,食亦反。为是之为,去声。若与之与,平声。○弈,围棋也。数,技也。致,极也。弈秋,善弈者,名秋也。缴,以绳系矢而射也。○程子为讲官,言于上曰:"人主一日之间,接贤士大

夫之时多，亲宦官宫妾之时少，则可以涵养气质而薰陶德性。”时不能用，识者恨之。范氏曰：“人君之心，惟在所养。君子养之以善则智，小人养之以恶则愚。然贤人易疏，小人易亲，是以寡不能胜众，正不能胜邪。自古国家治日常少，而乱日常多，盖以此也。”

孟子曰：“鱼，我所欲也；熊掌，亦我所欲也。二者不可得兼，舍鱼而取熊掌者也。生，亦我所欲也；义，亦我所欲也。二者不可得兼，舍生而取义者也。[1]生亦我所欲，所欲有甚于生者，故不为苟得也。死亦我所恶，所恶有甚于死者，故患有所不辟也。[2]如使人之所欲莫甚于生，则凡可以得生者，何不用也？使人之所恶莫甚于死者，则凡可以辟患者，何不为也？[3]由是则生而有不用也，由是则可以辟患而有不为也。[4]是故所欲有甚于生者，所恶有甚于死者，非独贤者有是心也，人皆有之，贤者能勿丧耳。[5]一箪食，一豆羹，得之则生，弗得则死，嘑尔而与之，行道之人弗受；蹴尔而与之，乞人不屑也。[6]万钟则不辨礼义而受之。万钟于我何加焉？为宫室之美、妻妾之奉、所识穷乏者得我与？[7]乡为身死而不受，今为宫室之美为之；乡为身死而不受，今为妻妾之奉为之；乡为身死而不受，今为所识穷乏者得我而为之，是亦不可以已乎？此之谓失其本心。”[8]

【朱子集注】

[1] 舍，上声。○鱼与熊掌皆美味，而熊掌尤美也。

[2] 恶、辟，皆去声，下同。○释所以舍生取义之意。得，得生也。欲生恶死者，虽众人利害之常情，而欲恶有甚于生死者，乃秉彝义理之良

心，是以欲生而不为苟得，恶死而有所不避也。

[3] 设使人无秉彝之良心，而但有利害之私情，则凡可以偷生免死者，皆将不顾礼义而为之矣。

[4] 由其必有秉彝之良心，是以其能舍生取义如此。

[5] 丧，去声。○羞恶之心，人皆有之，但众人汩于利欲而忘之，惟贤者能存之而不丧耳。

[6] 食，音嗣。嘑，呼故反。蹴，子六反。○豆，木器也。嘑，咄啐之貌。行道之人，路中凡人也。蹴，践踏也。乞人，丐乞之人也。不屑，不以为洁也。言虽欲食之急而犹恶无礼，有宁死而不食者。是其羞恶之本心，欲恶有甚于生死者，人皆有之也。

[7] 为，去声。与，平声。○万钟于我何加，言于我身无所增益也。所识穷乏者得我，谓所知识之穷乏者感我之惠也。上言人皆有羞恶之心，此言众人所以丧之由此三者。盖理义之心虽曰固有，而物欲之蔽，亦人所易昏也。

[8] 乡、为，并去声。为之之为，并如字。○言三者身外之物，其得失比生死为甚轻。乡为身死犹不肯受嘑蹴之食，今乃为此三者而受无礼义之万钟，是岂不可以止乎？本心，谓羞恶之心。○此章言羞恶之心，人所固有。或能决死生于危迫之际，而不免计丰约于宴安之时，是以君子不可顷刻而不省察于斯焉。

孟子曰："仁，人心也；义，人路也。[1]舍其路而弗由，放其心而不知求，哀哉！[2]人有鸡犬放，则知求之；有放心，而不知求。[3]学问之道无他，求其放心而已矣。"[4]

【朱子集注】

[1] 仁者，心之德，程子所谓心如谷种，仁则其生之性是也。然但谓之仁，则人不知其切于己，故反而名之曰人心，则可以见其为此身酬酢万

变之主，而不可须臾失矣。义者，行事之宜，谓之人路，则可以见其为出入往来必由之道，而不可须臾舍矣。

[2] 舍，上声。○“哀哉”二字，最宜详味，令人惕然有深省处。

[3] 程子曰：“心至重，鸡犬至轻。鸡犬放则知求之，心放则不知求，岂爱其至轻而忘其至重哉？弗思而已矣。”愚谓上兼言仁义，而此下专论求放心者，能求放心，则不违于仁而义在其中矣。

[4] 学问之事，固非一端，然其道则在于求其放心而已。盖能如是，则志气清明，义理昭著，而可以上达；不然，则昏昧放逸，虽曰从事于学，而终不能有所发明矣。故程子曰：“圣贤千言万语，只是欲人将已放之心约之，使反复入身来，自能寻向上去，下学而上达也。”此乃孟子开示要切之言，程子又发明之，曲尽其指，学者宜服膺而勿失也。

孟子曰：“今有无名之指，屈而不信，非疾痛害事也，如有能信之者，则不远秦、楚之路，为指之不若人也。[1]指不若人，则知恶之；心不若人，则不知恶，此之谓不知类也。”[2]

【朱子集注】

[1] 信，与伸同。为，去声。○无名指，手之第四指也。

[2] 恶，去声。○不知类，言其不知轻重之等也。

孟子曰：“拱把之桐、梓，人苟欲生之，皆知所以养之者。至于身，而不知所以养之者，岂爱身不若桐梓哉？弗思甚也！”[1]

【朱子集注】

[1] 拱，两手所围也。把，一手所握也。桐、梓，二木名。

孟子曰："人之于身也，兼所爱。兼所爱，则兼所养也。无尺寸之肤不爱焉，则无尺寸之肤不养也。所以考其善不善者，岂有他哉？于己取之而已矣。[1]体有贵贱，有小大。无以小害大，无以贱害贵。养其小者为小人，养其大者为大人。[2]今有场师，舍其梧槚，养其樲棘，则为贱场师焉。[3]养其一指而失其肩背，而不知也，则为狼疾人也。[4]饮食之人，则人贱之矣，为其养小以失大也。[5]饮食之人无有失也，则口腹岂适为尺寸之肤哉？"[6]

【朱子集注】

[1] 人于一身，固当兼养，然欲考其所养之善否者，惟在反之于身，以审其轻重而已矣。

[2] 贱而小者，口服也。贵而大者，心志也。

[3] 舍，上声。槚，音贾。樲，音贰。○场师，治场圃者。梧，桐也。槚，梓也。皆美材也。樲棘，小棗，非美材也。

[4] 狼善顾，疾则不能，故以为失肩背之喻。

[5] 为，去声。○饮食之人，专养口腹者也。

[6] 此言若使专养口腹，而能不失其大体，则口腹之养，躯命所关，不但为尺寸之肤而已。但养小之人，无不失其大者，故口腹虽所当养，而终不可以小害大、贱害贵也。

公都子问曰："钧是人也，或为大人，或为小人，何也？"孟子曰："从其大体为大人，从其小体为小人。"[1]曰："钧是人也，或从其大体，或从其小体，何也？"曰："耳目之官不思，而蔽于物，物交物，则引之而已矣。心之官则思，思则得之，不思则不得也。此天之所与我者，先立乎其大者，则其小者弗能夺也。此为大人而已矣。”[2]

【朱子集注】

[1] 钧，同也。从，随也。大体，心也。小体，耳目之类也。

[2] 官之为言司也。耳司听，目司视，各有所职而不能思，是以蔽于外物。既不能思而蔽于外物，则亦一物而已。又以外物交于此物，其引之而去不难矣。心则能思，而以思为职。凡事物之来，心得其职，则得其理，而物不能蔽；失其职，则不得其理，而物来蔽之。此三者，皆天之所以与我者，而心为大。若能有以立之，则事无不思，而耳目之欲不能夺之矣。此所以为大人也。然此天之此，旧本多作比，而赵《注》亦以比方释之。今本既多作此，而注亦作此，乃未详孰是。但作比字，于义为短，故且从今本云。○范浚《心箴》曰：“茫茫堪舆，俯仰无垠。人于其间，眇然有身。是身之微，太仓稊米。参为三才，曰惟心耳。往古来今，孰无此心？心为形役，乃兽乃禽。惟口耳目，手足动静。投间抵隙，为厥心病。一心之微，众欲攻之。其所存者，呜呼几希！君子存诚，克念克敬。天君泰然，百体从令。”

孟子曰：“有天爵者，有人爵者。仁义忠信，乐善不倦，此天爵也。公卿大夫，此人爵也。[1]古之人修其天爵，而人爵从之。[2]今之人修其天爵，以要人爵；既得人爵，而弃其天爵，则惑之甚者也，终亦必亡而已矣。”[3]

【朱子集注】

[1] 乐，音洛。○天爵者，德义可尊，自然之贵也。

[2] 修其天爵，以为吾分之所当然者耳。人爵从之，盖不待求之而自至也。

[3] 要，音邀。○要，求也。修天爵以要人爵，其心固已惑矣；得人

爵而弃天爵，则其惑又甚焉，终必并其所得之人爵而亡之也。

孟子曰："欲贵者，人之同心也。人人有贵于己者，弗思耳。[1]人之所贵者，非良贵也。赵孟之所贵，赵孟能贱之。[2]《诗》云：'既醉以酒，既饱以德。'言饱乎仁义也，所以不愿人之膏粱之味也；令闻广誉施于身，所以不愿人之文绣也。"[3]

【朱子集注】

[1] 贵于己者，谓天爵也。

[2] 人之所贵，谓人以爵位加己而后贵也。良者，本然之善也。赵孟，晋卿也。能以爵禄与人而使之贵，则亦能夺之而使之贱矣。若良贵，则人安得而贱之哉？

[3] 闻，去声。○《诗·大雅·既醉》之篇。饱，充足也。愿，欲也。膏，肥肉。粱，美谷。令，善也。闻，亦誉也。文绣，衣之美者也。仁义充足而闻誉彰著，皆所谓良贵也。○尹氏曰："言在我者重，则外物轻。"

孟子曰："仁之胜不仁也，犹水胜火。今之为仁者，犹以一杯水救一车薪之火也；不熄，则谓之水不胜火，此又与于不仁之甚者也。[1]亦终必亡而已矣。"[2]

【朱子集注】

[1] 与，犹助也。仁之能胜不仁，必然之理也。但为之不力，则无以胜不仁，而人遂以为真不能胜，是我之所为，有以深助于不仁者也。

[2] 言此人之心，亦且自怠于为仁，终必并与其所为而亡之。○赵氏曰："言为仁不至，而不反诸己也。"

孟子曰："五谷者，种之美者也，苟为不熟，不如荑稗。夫仁，亦在乎熟之而已矣。"[1]

【朱子集注】

[1] 荑，音蹄。稗，蒲卖反。夫，音扶。○荑稗，草之似谷者，其实亦可食，然不能如五谷之美也。但五谷不熟，则反不如荑稗之熟；犹为仁而不熟，则反不如为他道之有成。是以为仁必贵乎熟，而不可徒恃其种之美，又不可以仁之难熟，而甘为他道之有成也。○尹氏曰："日新而不已，则熟。"

孟子曰："羿之教人射，必志于彀；学者亦必志于彀。[1]大匠诲人，必以规矩；学者亦必以规矩。"[2]

【朱子集注】

[1] 彀，古候反。○羿，善射者也。志，犹期也。彀，弓满也。满而后发，射之法也。学，谓学射。

[2] 大臣，工师也。规矩，匠之法也。○此章言事必有法，然后可成。师舍是则无以教，弟子舍是则无以学。曲艺且然，况圣人之道乎？

卷第十二

告 子 下

任人有问屋庐子曰:“礼与食孰重?”曰:“礼重。”[1]“色与礼孰重?”[2]曰:“礼重。”曰:“以礼食,则饥而死;不以礼食,则得食,必以礼乎?亲迎,则不得妻;不亲迎,则得妻,必亲迎乎?”[3]屋庐子不能对,明日之邹,以告孟子。孟子曰:“于答是也,何有?[4]不揣其本而齐其末,方寸之木可使高于岑楼。[5]金重于羽者,岂谓一钩金与一舆羽之谓哉?[6]取食之重者,与礼之轻者而比之,奚翅食重?取色之重者,与礼之轻者而比之,奚翅色重?[7]往应之曰:‘紾兄之臂而夺之食,则得食;不紾,则不得食,则将紾之乎?逾东家墙而搂其处子,则得妻;不搂,则不得妻,则将搂之乎?’”[8]

【朱子集注】

[1] 任,平声。○任,国名。屋庐子,名连,孟子弟子也。

[2] 任人复问也。

[3] 迎,去声。

[4] 于,如字。○何有,不难也。

[5] 揣,初委反。○本,谓下。末,谓上。方寸之木,至卑,喻食色。岑楼,楼之高锐似山者,至高,喻礼。若不取其下之平,而升寸木于岑楼之上,则寸木反高,岑楼反卑矣。

[6] 钩，带钩也。金本重，而带钩小，故轻，喻礼有轻于食色者。羽本轻，而一舆多，故重，喻食色有重于礼者。

[7] 翅，与啻同，古字通用，施智反。○礼食、亲迎，礼之轻者也。饥而死以灭其性，不得妻而废人伦，食色之重者也。奚翅，犹言何但。言其相去悬绝，不但有轻重之差而已。

[8] 紾，音轸。搂，音娄。○紾，戾也。搂，牵也。处子，处女也。此二者，礼与食色皆其重者，而以之相较，则礼为尤重也。○此章言义理事物，其轻重固有大分，然于其中又各自有轻重之别。圣贤于此，错综斟酌，毫发不差，固不肯枉尺而直寻，亦未尝胶柱而调瑟，所以断之，一视于理之当然而已矣。

曹交问曰："人皆可以为尧、舜，有诸?"孟子曰："然。"[1]"交闻文王十尺，汤九尺，今交九尺四寸以长，食粟而已，如何则可?"[2]曰："奚有于是？亦为之而已矣。有人于此，力不能胜一匹雏，则为无力人矣；今曰举百钧，则为有力人矣。然则举乌获之任，是亦为乌获而已矣。夫人岂以不胜为患哉？弗为耳。[3]徐行后长者谓之弟，疾行先长者谓之不弟。夫徐行者，岂人所不能哉？所不为也。尧、舜之道，孝弟而已矣。[4]子服尧之服，诵尧之言，行尧之行，是尧而已矣。子服桀之服，诵桀之言，行桀之行，是桀而已矣。"[5]曰："交得见于邹君，可以假馆，愿留而受业于门。"[6]曰："夫道，若大路然，岂难知哉？人病不求耳。子归而求之，有余师。"[7]

【朱子集注】

[1] 赵氏曰："曹交，曹君之弟也。"人皆可以为尧、舜，疑古语，或孟子所尝言也。

[2] 曹交问也。食粟而已，言无他材能也。

[3] 胜，平声。○匹字本作鳴，鸭也，从省作匹。《礼记》说“匹为鹜”，是也。乌获，古之有力人也，能举移千钧。

[4] 后，去声。长，上声。先，去声。夫，音扶。○陈氏曰：“孝弟者，人之良知良能，自然之性也。尧、舜，人伦之至，亦率是性而已，岂能加毫末于是哉？”杨氏曰：“尧、舜之道大矣，而所以为之，乃在夫行止疾徐之间，非有甚高难行之事也。百姓盖日用而不知耳。”

[5] “之行”之行，并去声。○言为善为恶，皆在我而已。详曹交之问，浅陋粗率，必其进见之时，礼貌衣冠言动之间，多不循理，故孟子告之如此两节云。

[6] 见，音现。○假馆而后受业，又可见其求道之不笃。

[7] 夫，音扶。○言道不难知，若归而求之事亲敬长之间，则性分之内，万理皆备，随处发见，无不可师，不必留此而受业也。○曹交事长之礼既不至，求道之心又不笃，故孟子教之以孝弟，而不容其受业。盖孔子余力学文之意，亦不屑之教诲也。

公孙丑问曰：“高子曰：‘《小弁》，小人之诗也。’”孟子曰：“何以言之？”曰：“怨。”[1] 曰：“固哉，高叟之为诗也！有人于此，越人关弓而射之，则己谈笑而道之，无他，疏之也。其兄关弓而射之，则己垂涕泣而道之，无他，戚之也。《小弁》之怨，亲亲也。亲亲，仁也。固矣夫，高叟之为诗也！”[2] 曰：“《凯风》何以不怨？”[3] 曰：“《凯风》，亲之过小者也；《小弁》，亲之过大者也。亲之过大而不怨，是愈疏也；亲之过小而怨，是不可矶也。愈疏，不孝也；不可矶，亦不孝也。[4] 孔子曰：‘舜其至孝矣，五十而慕。’”[5]

【朱子集注】

[1] 弁，音盘。○高子，齐人也。《小弁》，《小雅》篇名。周幽王娶申后，生太子宜臼。又得褒姒，生伯服，而黜申后、废宜臼。于是宜臼之傅为作此诗，以叙其哀痛迫切之情也。

[2] 关与弯同。射，食亦反。夫，音扶。○固，谓执滞不通也。为，犹治也。越，蛮夷国名。道，语也。亲亲之心，仁之发也。

[3]《凯风》，《邶风》篇名。卫有七子之母，不能安其室，七子作此以自责也。

[4] 矶，音机。○矶，水激石也。不可矶，言微激之而遽怒也。

[5] 言舜犹怨慕，《小弁》之怨，不为不孝也。○赵氏曰："生之膝下，一体而分，喘息呼吸，气通于亲。当亲而疏，怨慕号天。是以《小弁》之怨，未足为愆也。"

宋牼将之楚，孟子遇于石丘。[1] 曰："先生将何之？"[2] 曰："吾闻秦、楚构兵，我将见楚王说而罢之。楚王不悦，我将见秦王说而罢之。二王我将有所遇焉。"[3] 曰："轲也请无问其详，愿闻其指。说之将何如？"曰："我将言其不利也。"曰："先生之志则大矣，先生之号则不可。[4] 先生以利说秦、楚之王，秦、楚之王悦于利，以罢三军之师，是三军之士乐罢而悦于利也。为人臣者怀利以事其君，为人子者怀利以事其父，为人弟者怀利以事其兄，是君臣、父子、兄弟终去仁义，怀利以相接，然而不亡者，未之有也。[5] 先生以仁义说秦、楚之王，秦、楚之王悦于仁义，而罢三军之师，是三军之士乐罢而悦于仁义也。为人臣者怀仁义以事其君，为人子者怀仁义以事其父，为人弟者怀仁义以事其兄，是君臣、父子、兄弟去利，怀仁义以相接也。然而不王者，未之有也。

何必曰利?”[6]

【朱子集注】

[1] 牼,口茎反。○宋,姓;牼,名。石丘,地名。

[2] 赵氏曰:“学士年长者,故谓之先生。”

[3] 说,音税。○时宋牼方欲见楚王,恐其不悦,则将见秦王也。遇,合也。按《庄子书》:“有宋钘者,禁攻寝兵,救世之战。上说下教,强聒不舍。”《疏》云:“齐宣王时人。”以事考之,疑即此人也。

[4] 徐氏曰:“能于战国扰攘之中,而以罢兵息民为说,其志可谓大矣。然以利为名,则不可也。”

[5] 乐,音洛,下同。

[6] 王,去声。○此章言休兵息民,为事则一,然其心有义利之殊,而其效有兴亡之异,学者所当深察而明辨之也。

孟子居邹,季任为任处守,以币交,受之而不报。处于平陆,储子为相,以币交,受之而不报。[1]他日由邹之任,见季子;由平陆之齐,不见储子。屋庐子喜曰:“连得间矣。”[2]问曰:“夫子之任见季子,之齐不见储子,为其为相与?”[3]曰:“非也。《书》曰:‘享多仪,仪不及物曰不享,惟不役志于享。’[4]为其不成享也。”[5]屋庐子悦。或问之,屋庐子曰:“季子不得之邹,储子得之平陆。”[6]

【朱子集注】

[1] 任,平声。相,去声,下同。○赵氏曰:“季任,任君之弟。任君朝会于邻国,季任为之居守其国也。储子,齐相也。不报者,来见则当报之,但以币交,则不必报也。”

[2] 屋庐子知孟子之处此必有义理，故喜得其间隙而问之。

[3] 为其之为，去声，下同。与，平声。○言储子但为齐相，不若季子摄守君位，故轻之耶？

[4]《书·周书·洛诰》之篇。享，奉上也。仪，礼也。物，币也。役，用也。言虽享而礼意不及其币，则是不享矣，以其不用志于享故也。

[5] 孟子释《书》意如此。

[6] 徐氏曰："季子为君居守，不得往他国以见孟子，则以币交而礼意已备。储子为齐相，可以至齐之境内而不来见，则虽以币交，而礼意不及其物也。"

淳于髡曰："先名实者，为人也；后名实者，自为也。夫子在三卿之中，名实未加于上下而去之，仁者固如此乎？"[1] 孟子曰："居下位，不以贤事不肖者，伯夷也；五就汤，五就桀者，伊尹也；不恶污君，不辞小官者，柳下惠也。三子者不同道，其趋一也。一者何也？曰：仁也。君子亦仁而已矣，何必同？"[2] 曰："鲁缪公之时，公仪子为政，子柳、子思为臣，鲁之削也滋甚。若是乎贤者之无益于国也！"[3] 曰："虞不用百里奚而亡，秦穆公用之而霸。不用贤则亡，削何可得与？"[4] 曰："昔者王豹处于淇，而河西善讴。绵驹处于高唐，而齐右善歌。华周、杞梁之妻善哭其夫，而变国俗。有诸内，必形诸外。为其事而无其功者，髡未尝睹之也。是故无贤者也，有则髡必识之。"[5] 曰："孔子为鲁司寇，不用，从而祭，燔肉不至，不税冕而行。不知者以为为肉也，其知者以为为无礼也。乃孔子则欲以微罪行，不欲为苟去。君子之所为，众人固不识也。"[6]

【朱子集注】

[1] 先、后、为，皆去声。○名，声誉也。实，事功也。言以名实为先而为之者，是有志于救民也；以名实为后而不为者，是欲独善其身者也。名实未加于上下，言上未能正其君，下未能济其民也。

[2] 恶、趋，并去声。○仁者，无私心而合天理之谓。杨氏曰："伊尹之就汤，以三聘之勤也。其就桀也，汤进之也。汤岂有伐桀之意哉？其进伊尹以事之也，欲其悔过迁善而已。伊尹既就汤，则以汤之心为心矣。及其终也，人归之，天命之，不得已而伐之耳。若汤初求伊尹，即有伐桀之心，而伊尹遂相之以伐桀，是以取天下为心也。以取天下为心，岂圣人之心哉？"

[3] 公仪子，名休，为鲁相。子柳，泄柳也。削，地见侵夺也。髡讥孟子虽不去，亦未必能有为也。

[4] 与，平声。○百里奚，事见前篇。

[5] 华，去声。○王豹，卫人，善讴。淇，水名。绵驹，齐人，善歌。高唐，齐西邑。华周、杞梁，二人皆齐臣，战死于莒。其妻哭之哀，国俗化之，皆善哭。髡以此讥孟子仕齐无功，未足为贤也。

[6] 税，音脱。为肉、为无之为，并去声。○按《史记》："孔子为鲁司寇，摄行相事。齐人闻而惧，于是以女乐遗鲁君。季桓子与鲁君往观之，怠于政事。子路曰：'夫子可以行矣。'孔子曰：'鲁今且郊，如致膰于大夫，则吾犹可以止。'桓子卒受齐女乐，郊又不致膰俎于大夫，孔子遂行。"孟子言以为为肉者，固不足道；以为为无礼，则亦未为深知孔子者。盖圣人于父母之国，不欲显其君相之失，又不欲为无故而苟去，故不以女乐去，而以膰肉行。其见几明决，而用意忠厚，固非众人所能识也。然则孟子之所为，岂髡之所能识哉？○尹氏曰："淳于髡未尝知仁，亦未尝识贤也，宜乎其言若是。"

孟子曰："五霸者，三王之罪人也；今之诸侯，五霸之罪人也；今之大夫，今之诸侯之罪人也。[1]天子适诸侯曰巡狩，诸侯朝于天子曰述职。春省耕而补不足，秋省敛而助不给。入其疆，土地辟，田野治，养老尊贤，俊杰在位，则有庆，庆以地。入其疆，土地荒芜，遗老失贤，掊克在位，则有让。一不朝，则贬其爵；再不朝，则削其地；三不朝，则六师移之。是故天子讨而不伐，诸侯伐而不讨。五霸者，搂诸侯以伐诸侯者也，故曰：五霸者，三王之罪人也。[2]五霸，桓公为盛。葵丘之会诸侯，束牲载书而不歃血。初命曰：'诛不孝，无易树子，无以妾为妻。'再命曰：'尊贤育才，以彰有德。'三命曰：'敬老慈幼，无忘宾旅。'四命曰：'士无世官，官事无摄，取士必得，无专杀大夫。'五命曰：'无曲防，无遏籴，无有封而不告。'曰：'凡我同盟之人，既盟之后，言归于好。'今之诸侯，皆犯此五禁，故曰：今之诸侯，五霸之罪人也。[3]长君之恶其罪小，逢君之恶其罪大。今之大夫，皆逢君之恶，故曰：今之大夫，今之诸侯之罪人也。[4]"

【朱子集注】

[1] 赵氏曰："五霸：齐桓、晋文、秦穆、宋襄、楚庄也。三王：夏禹、商汤、周文武也。"丁氏曰："夏昆吾，商大彭、豕韦，周齐桓、晋文，谓之五霸。"

[2] 朝，音潮。辟与闢同。治，去声。○庆，赏也，益其地以赏之也。掊克，聚敛也。让，责也。移之者，诛其人而变置之也。讨者，出命以讨其罪，而使方伯连帅帅诸侯以伐之也。伐者，奉天子之命，声其罪而伐之也。搂，牵也。五霸牵诸侯以伐诸侯，不用天子之命也。自入其疆至则有让，言巡狩之事；自一不朝至六师移之，言述职之事。

[3] 歃，所洽反。籴，音狄。好，去声。○按《春秋传》："僖公九年，葵丘之会，陈牲而不杀，读书加于牲上，壹明天子之禁。"树，立也。已立

世子，不得擅易。初命三事，所以修身正家之要也。宾，宾客也。旅，行旅也。皆当有以待之，不可忽忘也。士世禄而不世官，恐其未必贤也。官事无摄，当广求贤才以充之，不可以阙人废事也。取士必得，必得其人也。无专杀大夫，有罪则请命于天子而后杀之也。无曲防，不得曲为堤防，壅泉激水，以专小利，病邻国也。无遏籴，邻国凶荒，不得闭籴也。无有封而不告者，不得专封国邑而不告天子也。

[4] 长，上声。〇君有过不能谏，又顺之者，长君之恶也。君之过未萌，而先意导之者，逢君之恶也。〇林氏曰："邵子有言：'治《春秋》者，不先治五霸之功罪，则事无统理，而不得圣人之心。春秋之间，有功者未有大于五霸，有过者亦未有大于五霸。故五霸者，功之首、罪之魁也。'孟子此章之义，其亦若此也与？然五霸得罪于三王，今之诸侯得罪于五霸，皆出于异世，故得以逃其罪。至于今之大夫，宜得罪于今之诸侯，则同时矣。而诸侯非惟莫之罪也，乃反以为良臣而厚礼之。不以为罪，而反以为功，何其谬哉！"

鲁欲使慎子为将军。[1]孟子曰："不教民而用之，谓之殃民。殃民者，不容于尧、舜之世。[2]一战胜齐，遂有南阳，然且不可？"[3]慎子勃然不悦，曰："此则滑厘所不识也。"[4]曰："吾明告子：天子之地方千里，不千里，不足以待诸侯。诸侯之地方百里，不百里，不足以守宗庙之典籍。[5]周公之封于鲁，为方百里也；地非不足，而俭于百里。太公之封于齐也，亦为方百里也；地非不足也，而俭于百里。[6]今鲁方百里者五，子以为有王者作，则鲁在所损乎？在所益乎？[7]徒取诸彼以与此，然且仁者不为，况于杀人以求之乎？[8]君子之事君也，务引其君以当道，志于仁而已。"[9]

【朱子集注】

[1] 慎子,鲁臣。

[2] 教民者,教之礼义,使知入事父兄、出事长上也。用之,使之战也。

[3] 是时鲁盖欲使慎子伐齐,取南阳也。故孟子言就使慎子善战有功如此,且犹不可。

[4] 滑,音骨。○滑厘,慎子名。

[5] 待诸侯,谓待其朝觐聘问之礼。宗庙典籍,祭祀会同之常制也。

[6] 二公有大勋劳于天下,而其封国不过百里。俭,止而不过之意也。

[7] 鲁地之大,皆并吞小国而得之。有王者作,则必在所损矣。

[8] 徒,空也。言不杀人而取之也。

[9] 当道,谓事合于理。志仁,谓心在于仁。

孟子曰:"今之事君者曰:'我能为君辟土地,充府库。'今之所谓良臣,古之所谓民贼也。君不乡道,不志于仁,而求富之,是富桀也。[1]'我能为君约与国,战必克。'今之所谓良臣,古之所谓民贼也。君不乡道,不志于仁,而求为之强战,是辅桀也。[2]由今之道,无变今之俗,虽与之天下,不能一朝居也。"[3]

【朱子集注】

[1] 为,去声。辟与闢同。乡与向同,下皆同。○辟,开垦也。

[2] 约,要结也。与国,和好相与之国也。

[3] 言必争夺而至于危亡也。

白圭曰:"吾欲二十而取一,何如?"[1]孟子曰:"子之道，貉道也。[2]万室之国，一人陶，则可乎?”曰:“不可。器不足用也。”[3]曰:“夫貉，五谷不生，惟黍生之。无城郭、宫室、宗庙、祭祀之礼，无诸侯币帛饔飧，无百官有司，故二十取一而足也。[4]今居中国，去人伦，无君子，如之何其可也?[5]陶以寡，且不可以为国，况无君子乎?[6]欲轻之于尧、舜之道者，大貉、小貉也;欲重之于尧、舜之道者，大桀、小桀也。”[7]

【朱子集注】

[1] 白圭，名丹，周人也。欲更税法，二十分而取其一分。林氏曰:“按《史记》:白圭能薄饮食，忍耆欲，与童仆同苦乐。乐观时变，人弃我取，人取我与，以此居积致富。其为此论，盖欲以其术施之国家也。”

[2] 貉，音陌。○貉，北方夷狄之国名也。

[3] 孟子设喻以诘圭，而圭亦知其不可也。

[4] 夫，音扶。○北方地寒，不生五谷，黍早熟，故生之。饔飧，以饮食馈客之礼也。

[5] 无君臣、祭祀、交际之礼，是去人伦;无百官有司，是无君子。

[6] 因其辞以折之。

[7] 什一而税，尧、舜之道也。多则桀，寡则貉。今欲轻重之，则是小貉、小桀而已。

白圭曰:“丹之治水也，愈于禹。”[1]孟子曰:“子过矣。禹之治水，水之道也。[2]是故禹以四海为壑。今吾子以邻国为壑。[3]水逆行，谓之洚水。洚水者，洪水也，仁人之所恶也。吾子过矣。”[4]

【朱子集注】

[1] 赵氏曰："当时诸侯有小水，白圭为之筑堤，壅而注之他国。"

[2] 顺水之性也。

[3] 壑，受水处也。

[4] 恶，去声。○水逆行者，下流壅塞，故水逆流。今乃壅水以害人，则与洪水之灾无异矣。

孟子曰："君子不亮，恶乎执？"[1]

【朱子集注】

[1] 恶，平声。○亮，信也，与谅同。恶乎执，言凡事苟且，无所执持也。

鲁欲使乐正子为政。孟子曰："吾闻之，喜而不寐。"[1]公孙丑曰："乐正子强乎？"曰："否。""有知虑乎？"曰："否。""多闻识乎？"曰："否。"[2]"然则奚为喜而不寐？"[3]"其为人也好善。"[4]"好善足乎？"[5]曰："好善优于天下，而况鲁国乎？[6]夫苟好善，则四海之内，皆将轻千里而来告之以善。[7]夫苟不好善，则人将曰：'訑訑，予既已知之矣。'訑訑之声音颜色，距人于千里之外。士止于千里之外，则谗谄面谀之人至矣。与谗谄面谀之人居，国欲治，可得乎？"[8]

【朱子集注】

[1] 喜其道之得行。

[2] 知，去声。○此三者，皆当世之所尚，而乐正子之所短，故丑疑而历问之。

［3］丑问也。

［4］好，去声，下同。

［5］丑问也。

［6］优，有余裕也。言虽治天下，尚有余力也。

［7］夫，音扶，下同。○轻，易也。言不以千里为难也。

［8］訑，音移。治，去声。○訑訑，自足其智，不嗜善言之貌。君子小人，迭为消长。直谅多闻之士远，则谗谄面谀之人至，理势然也。○此章言为政，不在于用一己之长，而贵于有以来天下之善。

陈子曰："古之君子何如则仕？"孟子曰："所就三，所去三。[1]迎之致敬以有礼，言将行其言也，则就之；礼貌未衰，言弗行也，则去之。[2]其次，虽未行其言也，迎之致敬以有礼，则就之；礼貌衰，则去之。[3]其下，朝不食，夕不食，饥饿不能出门户。君闻之，曰：'吾大者不能行其道，又不能从其言也，使饥饿于我土地，吾耻之。'周之，亦可受也，免死而已矣。"[4]

【朱子集注】

［1］其目在下。

［2］所谓见行可之仕，若孔子于季桓子是也。受女乐而不朝，则去之矣。

［3］所谓际可之仕，若孔子于卫灵公是也。故与公游于囿，公仰视蜚雁，而后去之。

［4］所谓公养之仕也。君之于民，固有周之之义，况此又有悔过之言，所以可受。然未至于饥饿不能出门户，则犹不受也。其曰免死而已，则其所受亦有节矣。

孟子曰："舜发于畎亩之中，傅说举于版筑之间，胶鬲举于鱼盐之中，管夷吾举于士，孙叔敖举于海，百里奚举于市。[1]故天将降大任于是人也，必先苦其心志，劳其筋骨，饿其体肤，空乏其身，行拂乱其所为，所以动心忍性，曾益其所不能。[2]人恒过，然后能改；困于心，衡于虑，而后作；征于色，发于声，而后喻。[3]入则无法家拂士，出则无敌国外患者，国恒亡。[4]然后知生于忧患而死于安乐也。"[5]

【朱子集注】

[1] 说，音悦。○舜耕历山，三十登庸。说筑傅岩，武丁举之。胶鬲遭乱，鬻贩鱼盐，文王举之。管仲囚于士官，威公举以相国。孙叔敖隐处海滨，楚庄王举之为令尹。百里奚事见前篇。

[2] 曾与增同。○降大任，使之任大事也，若舜以下是也。空，穷也。乏，绝也。拂，戾也，言使之所为不遂，多背戾也。动心忍性，谓竦动其心，坚忍其性也。然所谓性，亦指气禀食色而言耳。程子曰："若要熟，也须从这里过。"

[3] 衡与横同。○恒，常也。犹言大率也。横，不顺也。作，奋起也。征，验也。喻，晓也。此又言中人之性，常必有过，然后能改。盖不能谨于平日，故必事势穷蹙，以至困于心、横于虑，然后能奋发而兴起；不能烛于几微，故必事理暴著，以至验于人之色，发于人之声，然后能警悟而通晓也。

[4] 拂与弼同。○此言国亦然也。法家，法度之世臣也。拂士，辅拂之贤士也。

[5] 乐，音洛。○以上文观之，则知人之生全，出于忧患，而死亡由于安乐矣。○尹氏曰："言困穷拂郁，能坚人之志，而熟人之仁，以安乐失之者多矣。"

孟子曰："教亦多术矣。予不屑之教诲也者，是亦教诲之而已矣。"[1]

【朱子集注】

[1] 多术，言非一端。屑，洁也。不以其人为洁而拒绝之，所谓不屑之教诲也。其人若能感此，退自修省，则是亦我教诲之也。○尹氏曰："言或抑或扬，或与或不与，各因其才而笃之，无非教也。"

卷第十三

尽心上

孟子曰："尽其心者，知其性也。知其性，则知天矣。[1]存其心，养其性，所以事天也。[2]殀寿不贰，修身以俟之，所以立命也。"[3]

【朱子集注】

[1] 心者，人之神明，所以具众理而应万事者也。性则心之所具之理，而天又理之所从以出者也。人有是心，莫非全体，然不穷理，则有所蔽而无以尽乎此心之量。故能极其心之全体而无不尽者，必其能穷夫理而无不知者也。既知其理，则其所从出，亦不外是矣。以《大学》之序言之，知性则物格之谓，尽心则知至之谓也。

[2] 存，谓操而不舍。养，谓顺而不害。事，则奉承而不违也。

[3] 殀寿，命之短长也。贰，疑也。不贰者，知天之至，修身以俟死，则事天以终身也。立命，谓全其天之所付，不以人为害之。〇程子曰："心也，性也，天也，一理也。自理而言谓之天，自禀受而言谓之性，自存诸人而言谓之心。"张子曰："由太虚，有天之名；由气化，有道之名；合虚与气，有性之名；合性与知觉，有心之名。"愚谓尽心知性而知天，所以造其理也；存心养性以事天，所以履其事也。不知其理，固不能履其事，然徒造其理而不履其事，则亦无以有诸己矣。知天而不以殀寿贰其心，智之尽也；事天而能修身以俟死，仁之至也。智有不尽，固不知所以为仁，然智而不仁，则亦将流荡不法，而不足以为智矣。

孟子曰："莫非命也，顺受其正。[1]是故知命者，不立乎岩墙之下。[2]尽其道而死者，正命也。[3]桎梏死者，非正命也。"[4]

【朱子集注】

[1] 人物之生，吉凶祸福，皆天所命。然惟莫之致而至者，乃为正命。故君子修身以俟之，所以顺受乎此也。

[2] 命，谓正命。岩墙，墙之将覆者。知正命，则不处危地以取覆压之祸。

[3] 尽其道，则所值之吉凶，皆莫之致而至者矣。

[4] 桎梏，所以拘罪人者。言犯罪而死，与立岩墙之下者同。皆人所取，非天所为也。○此章与上章盖一时之言，所以发其末句未尽之意。

孟子曰："求则得之，舍则失之，是求有益于得也，求在我者也。[1]求之有道，得之有命，是求无益于得也，求在外者也。"[2]

【朱子集注】

[1] 舍，上声。○在我者，谓仁义礼智，凡性之所有者。

[2] 有道，言不可妄求。有命，则不可必得。在外者，谓富贵利达，凡外物皆是。○赵氏曰："言为仁由己，富贵在天，如不可求，从吾所好。"

孟子曰："万物皆备于我矣。[1]反身而诚，乐莫大焉。[2]强恕而行，求仁莫近焉。"[3]

【朱子集注】

[1] 此言理之本然也。大则君臣父子，小则事物细微，其当然之理，无一不具于性分之内也。

[2] 乐，音洛。○诚，实也。言反诸身，而所备之理，皆如恶恶臭、好好色之实然，则其行之不待勉强而无不利矣。其为乐，孰大于是?

[3] 强，上声。○强，勉强也。恕，推己以及人也。反身而诚则仁矣，其有未诚，则是犹有私意之隔，而理未纯也。故当凡事勉强，推己及人，庶几心公理得而仁不远也。○此章言万物之理具于吾身，体之而实，则道在我而乐有余；行之以恕，则私不容而仁可得。

孟子曰："行之而不著焉，习矣而不察焉，终身由之而不知其道者，众也。"[1]

【朱子集注】

[1] 著者，知之明。察者，识之精。言方行之而不能明其所当然，既习矣而犹不识其所以然，所以终身由之而不知其道者多也。

孟子曰："人不可以无耻。无耻之耻，无耻矣。"[1]

【朱子集注】

[1] 赵氏曰："人能耻己之无所耻，是能改行从善之人，终身无复有耻辱之累矣。"

孟子曰："耻之于人大矣。[1]为机变之巧者，无所用耻焉。[2]不耻不若人，何若人有?"[3]

【朱子集注】

[1] 耻者，吾所固有羞恶之心也。存之则进于圣贤，失之则入于禽兽，故所系为甚大。

[2] 为机械变诈之巧者，所为之事皆人所深耻，而彼方且自以为得计，故无所用其愧耻之心也。

[3] 但无耻一事不如人，则事事不如人矣。或曰："不耻其不如人，则何能有如人之事？"其义亦通。○或问："人有耻不能之心，如何？"程子曰："耻其不能而为之，可也；耻其不能而掩藏之，不可也。"

孟子曰："古之贤王好善而忘势，古之贤士何独不然？乐其道而忘人之势。故王公不致敬尽礼，则不得亟见之。见且由不得亟，而况得而臣之乎？"[1]

【朱子集注】

[1] 好，去声。乐，音洛。亟，去吏反。○言君当屈己以下贤，士不枉道而求利，二者势若相反，而实则相成，盖亦各尽其道而已。

孟子谓宋句践曰："子好游乎？吾语子游。[1]人知之，亦嚣嚣；人不知，亦嚣嚣。"[2]曰："何如斯可以嚣嚣矣？"曰："尊德乐义，则可以嚣嚣矣。[3]故士穷不失义，达不离道。[4]穷不失义，故士得己焉。达不离道，故民不失望焉。[5]古之人，得志泽加于民，不得志修身见于世。穷则独善其身，达则兼善天下。"[6]

【朱子集注】

[1] 句，音钩。好、语，皆去声。○宋，姓；句践，名。游，游说也。

[2] 赵氏曰："嚣嚣，自得无欲之貌。"

[3] 乐，音洛。○德，谓所得之善。尊之，则有以自重，而不慕乎人爵之荣。义，谓所守之正。乐之，则有以自安，而不徇乎外物之诱也。

[4] 离，力智反。○言不以贫贱而移，不以富贵而淫，此尊德乐义见于行事之实也。

[5] 得己，言不失己也。民不失望，言人素望其兴道致治，而今果如所望也。

[6] 见，音现。○见，谓名实之显著也。此又言士得己、民不失望之实。○此章言内重而外轻，则无往而不善。

孟子曰："待文王而后兴者，凡民也。若夫豪杰之士，虽无文王犹兴。"[1]

【朱子集注】

[1] 夫，音扶。○兴者，感动奋发之意。凡民，庸常之人也。豪杰，有过人之才智者也。盖降衷秉彝，人所同得，惟上智之资无物欲之蔽，为能无待于教，而自能感发以有为也。

孟子曰："附之以韩、魏之家，如其自视欿然，则过人远矣。"[1]

【朱子集注】

[1] 欿，音坎。○附，益也。韩、魏，晋卿富家也。欿然，不自满之意。尹氏曰："言有过人之识，则不以富贵为事。"

孟子曰："以佚道使民，虽劳不怨；以生道杀民，虽死不怨杀者。”[1]

【朱子集注】

[1] 程子曰:“以佚道使民,谓本欲佚之也,播谷、乘屋之类是也。以生道杀民,谓本欲生之也,除害去恶之类是也。盖不得已而为其所当为,则虽咈民之欲而民不怨。其不然者反是。”

孟子曰:“霸者之民,驩虞如也;王者之民,皞皞如也。[1]杀之而不怨,利之而不庸,民日迁善而不知为之者。[2]夫君子所过者化,所存者神,上下与天地同流,岂曰小补之哉?”[3]

【朱子集注】

[1] 皞,胡老反。○驩虞与欢娱同。皞皞,广大自得之貌。程子曰:“驩虞,有所造为而然,岂能久也?耕田凿井,帝力何有于我?如天之自然,乃王者之政。”杨氏曰:“所以致人驩虞,必有违道干誉之事。若王者,则如天,亦不令人喜,亦不令人怒。”

[2] 此所谓皞皞如也。庸,功也。丰氏曰:“因民之所恶而去之,非有心于杀之也,何怨之有?因民之所利而利之,非有心于利之也,何庸之有?辅其性之自然,使自得之,故民日迁善而不知谁之所为也。”

[3] 夫,音扶。○君子,圣人之通称也。所过者化,身所经历之处,即人无不化,如舜之耕历山而田者逊畔,陶河滨而器不苦窳也。所存者神,心所存主处,便神妙不测,如孔子之立斯立,道斯行,绥斯来,动斯和,莫知其所以然而然也。是其德业之盛,乃与天地之化同运并行,举一世而甄陶之,非如霸者,但小小补塞其罅漏而已。此则王道之所以为大,而学者所当尽心也。

孟子曰："仁言，不如仁声之入人深也。[1]善政，不如善教之得民也。[2]善政民畏之，善教民爱之；善政得民财，善教得民心。"[3]

【朱子集注】

[1] 程子曰："仁言，谓以仁厚之言加于民。仁声，谓仁闻，谓有仁之实而为众所称道也。此尤见仁德之昭著，故其感人尤深也。"

[2] 政，谓法度禁令，所以制其外也。教，谓道德齐礼，所以格其心也。

[3] 得民财者，百姓足而君无不足也；得民心者，不遗其亲，不后其君也。

孟子曰："人之所不学而能者，其良能也；所不虑而知者，其良知也。[1]孩提之童，无不知爱其亲者；及其长也，无不知敬其兄也。[2]亲亲，仁也；敬长，义也。无他，达之天下也。"[3]

【朱子集注】

[1] 良者，本然之善也。程子曰："良知良能，皆无所由，乃出于天，不系于人。"

[2] 长，上声，下同。○孩提，二三岁之间，知孩笑、可提抱者也。爱亲敬长，所谓良知良能者也。

[3] 言亲亲敬长，虽一人之私，然达之天下无不同者，所以为仁义也。

孟子曰："舜之居深山之中，与木石居，与鹿豕游，其所以异于深山之野人者几希。及其闻一善言，见一善行，若决江河，沛然莫之能御也。”[1]

【朱子集注】

[1] 行，去声。○居深山，谓耕历山时也。盖圣人之心，至虚至明，浑然之中，万理毕具。一有感触，则其应甚速，而无所不通。非孟子造道之深，不能形容至此也。

孟子曰：“无为其所不为，无欲其所不欲，如此而已矣。”[1]

【朱子集注】

[1] 李氏曰：“有所不为不欲，人皆有是心也。至于私意一萌，而不能以礼义制之，则为所不为、欲所不欲者多矣。能反是心，则所谓扩充其羞恶之心者，而义不可胜用矣，故曰如此而已矣。”

孟子曰：“人之有德慧术知者，恒存乎疢疾。[1]独孤臣孽子，其操心也危，其虑患也深，故达。”[2]

【朱子集注】

[1] 知，去声。疢，丑刃反。○德慧者，德之慧。术知者，术之知。疢疾，犹灾患也。言人必有疢疾，则能动心忍性，增益其所不能也。

[2] 孤臣，远臣；孽子，庶子。皆不得于君亲，而常有疢疾者也。达，谓达于事理，即所谓德慧术知也。

孟子曰：“有事君人者，事是君则为容悦者也。[1]有安社稷臣者，以安社稷为悦者也。[2]

有天民者，达可行于天下而后行之者也。[3]有大人者，正己而物正者也。”[4]

【朱子集注】

[1] 阿徇以为容，逢迎以为悦，此鄙夫之事、妾妇之道也。

[2] 言大臣之计安社稷，如小人之务悦其君，眷眷于此而不忘也。

[3] 民者，无位之称。以其全尽天理，乃天之民，故谓之天民。必其道可行于天下，然后行之。不然，则宁没世不见知而不悔，不肯小用其道以徇于人也。张子曰：“必功覆斯民然后出，如伊、吕之徒。”

[4] 大人，德盛而上下化之，所谓见龙在田，天下文明者。○此章言人品不同，略有四等。容悦佞臣不足言。安社稷则忠矣，然犹一国之士也。天民，则非一国之士矣，然犹有意也。无意无必，惟其所在而物无不化，惟圣者能之。

孟子曰：“君子有三乐，而王天下不与存焉。[1]父母俱存，兄弟无故，一乐也。[2]仰不愧于天，俯不怍于人，二乐也。[3]得天下英才而教育之，三乐也。[4]君子有三乐，而王天下不与存焉。”[5]

【朱子集注】

[1] 乐，音洛。王、与，皆去声，下并同。

[2] 此人所深愿而不可必得者，今既得之，其乐可知。

[3] 程子曰：“人能克己，则仰不愧，俯不怍，心广体胖，其乐可知。有息则馁矣。”

[4] 尽得一世明睿之才，而以所乐乎己者教而养之，则斯道之传得

之者众，而天下后世将无不被其泽矣。圣人之心所愿欲者，莫大于此。今既得之，其乐为如何哉！

[5] 林氏曰："此三乐者，一系于天，一系于人。其可以自致者，惟不愧不怍而已，学者可不勉哉？"

孟子曰："广土众民，君子欲之，所乐不存焉。[1]中天下而立，定四海之民，君子乐之，所性不存焉。[2]君子所性，虽大行不加焉，虽穷居不损焉，分定故也。[3]君子所性，仁、义、礼、智根于心。其生色也，睟然见于面，盎于背，施于四体。四体不言而喻。"[4]

【朱子集注】

[1] 乐，音洛，下同。○地辟民聚，泽可远施，故君子欲之，然未足以为乐也。

[2] 其道大行，无一夫不被其泽，故君子乐之，然其所得于天者，则不在是也。

[3] 分，去声。○分者，所得于天之全体，故不以穷达而有异。

[4] 睟，音粹。见，音现。盎，乌浪反。○上言所性之分，与所欲所乐不同，此乃言其蕴也。仁、义、礼、智，性之四德也。根，本也。生，发见也。睟然，清和润泽之貌。盎，丰厚盈溢之意。施于四体，谓见于动作威仪之间也。喻，晓也。四体不言而喻，言四体不待吾言，而自能晓吾意也。盖气禀清明，无物欲之累，则性之四德根本于心。其积之盛，则发而著见于外者，不待言而无不顺也。程子曰："睟面盎背，皆积盛致然。四体不言而喻，惟有德者能之。"○此章言君子固欲其道之大行，然其所得于天者，则不以是而有所加损也。

孟子曰："伯夷辟纣，居北海之滨，闻文王作兴，曰：'盍归乎来！吾闻西伯善养老者。'太公辟纣，居东海之滨，闻文王作兴，曰：'盍归乎来！吾闻西伯善养老者。'天下有善养老，则仁人以为己归矣。[1]五亩之宅，树墙下以桑，匹妇蚕之，则老者足以衣帛矣。五母鸡，二母彘，无失其时，老者足以无失肉矣。百亩之田，匹夫耕之，八口之家足以无饥矣。[2]所谓西伯善养老者，制其田里，教之树畜，导其妻子，使养其老。五十非帛不暖，七十非肉不饱。不暖不饱，谓之冻馁。文王之民，无冻馁之老者，此之谓也。"[3]

【朱子集注】

[1] 辟，去声，下同。大，他盖反。○己归，谓己之所归。余见前篇。

[2] 衣，去声。○此文王之政也。一家养母鸡五、母彘二也。余见前篇。

[3] 田，谓百亩之田。里，谓五亩之宅。树，谓耕桑。畜，谓鸡彘也。赵氏曰："善养老者，教导之，使可以养其老耳，非家赐而人益之也。"

孟子曰："易其田畴，薄其税敛，民可使富也。[1]食之以时，用之以礼，财不可胜用也。[2]民非水火不生活，昏暮叩人之门户，求水火，无弗与者，至足矣。圣人治天下，使有菽粟如水火。菽粟如水火，而民焉有不仁者乎？"[3]

【朱子集注】

[1] 易、敛，皆去声。○易，治也。畴，耕治之田也。

[2] 胜，音升。○教民节俭，则财用足也。

[3] 焉，於虔反。○水火，民之所急，宜其爱之。而反不爱者，多故也。尹氏曰："言礼义生于富足，民无常产，则无常心矣。"

孟子曰："孔子登东山而小鲁，登太山而小天下。故观于海者难为水，游于圣人之门者难为言。[1]观水有术，必观其澜。日月有明，容光必照焉。[2]流水之为物也，不盈科不行；君子之志于道也，不成章不达。"[3]

【朱子集注】

[1] 此言圣人之道大也。东山，盖鲁城东之高山，而太山则又高矣。此言所处益高，则其视下益小；所见既大，则其小者不足观也。难为水，难为言，犹仁不可为众之意。

[2] 此言道之有本也。澜，水之湍急处也。明者，光之体；光者，明之用也。观水之澜，则知其源之有本矣。观日月于容光之隙无不照，则知其明之有本矣。

[3] 言学当以渐，乃能至也。成章，所积者厚，而文章外见也。达者，足于此而通于彼也。〇此章言圣人之道大而有本，学之者必以其渐，乃能至也。

孟子曰："鸡鸣而起，孳孳为善者，舜之徒也。[1]鸡鸣而起，孳孳为利者，跖之徒也。[2]欲知舜与跖之分，无他，利与善之间也。"[3]

【朱子集注】

[1] 孳孳，勤勉之意。言虽未至于圣人，亦是圣人之徒也。

[2] 跖，盗跖也。

[3] 程子曰："言间者，谓相去不远，所争毫末耳。善与利，公私而已矣。才出于善，便以利言也。"〇杨氏曰："舜、跖之相去远矣，而其分乃在利善之间而已，是岂可以不谨？然讲之不熟，见之不明，未有不以利为义

者,又学者所当深察也。"或问:"鸡鸣而起,若未接物,如何为善?"程子曰:"只主于敬,便是为善。"

孟子曰:"杨子取为我,拔一毛而利天下,不为也。[1]墨子兼爱,摩顶放踵利天下,为之。[2]子莫执中,执中为近之。执中无权,犹执一也。[3]所恶执一者,为其贼道也,举一而废百也。"[4]

【朱子集注】

[1] 为我之为,去声。○杨子,名朱。取者,仅足之意。取为我者,仅足于为我而已,不及为人也。列子称其言曰"伯成子高不以一毫利物"是也。

[2] 放,上声。○墨子,名翟。兼爱,无所不爱也。摩顶,摩突其顶也。放,至也。

[3] 子莫,鲁之贤人也。知杨、墨之失中也,故度于二者之间而执其中。近,近道也。权,称锤也,所以称物之轻重而取中也。执中而无权,则胶于一定之中而不知变,是亦执一而已矣。程子曰:"'中'字最难识,须是默识心通。且试言一厅,则中央为中;一家,则厅非中而堂为中;一国,则堂非中而国之中为中,推此类可见矣。"又曰:"中不可执也。识得则事事物物皆有自然之中,不待安排,安排著则不中矣。"

[4] 恶、为,皆去声。○贼,害也。为我害仁,兼爱害义,执中者害于时中,皆举一而废百者也。○此章言道之所贵者中,中之所贵者权。杨氏曰:"禹、稷三过其门而不入,苟不当其可,则与墨子无异。颜子在陋巷,不改其乐,苟不当其可,则与杨氏无异。子莫执为我、兼爱之中而无权,乡邻有斗而不知闭户,同室有斗而不知救之,是亦犹执一耳,故孟子以为贼道。禹、稷、颜回,易地则皆然,以其有权也。不然,则是亦杨、墨而已矣。"

孟子曰："饥者甘食，渴者甘饮，是未得饮食之正也，饥渴害之也。岂惟口腹有饥渴之害？人心亦皆有害。[1]人能无以饥渴之害为心害，则不及人不为忧矣。"[2]

【朱子集注】

[1] 口腹为饥渴所害，故于饮食不暇择，而失其正味；人心为贫贱所害，故于富贵不暇择，而失其正理。

[2] 人能不以贫贱之故而动其心，则过人远矣。

孟子曰："柳下惠不以三公易其介。"[1]

【朱子集注】

[1] 介，有分辨之意。柳下惠进不隐贤，必以其道，遗佚不怨，阨穷不悯，直道事人，至于三黜，是其介也。○此章言柳下惠和而不流，与孔子论夷、齐不念旧恶意正相类，皆圣贤微显阐幽之意也。

孟子曰："有为者辟若掘井，掘井九轫而不及泉，犹为弃井也。"[1]

【朱子集注】

[1] 辟，读作譬。轫，音刃，与仞同。○八尺为仞。言凿井虽深，然未及泉而止，犹为自弃其井也。○吕侍讲曰："仁不如尧，孝不如舜，学不如孔子，终未入于圣人之域，终未至于天道，未免为半途而废、自弃前功也。"

孟子曰："尧、舜，性之也；汤、武，身之也；五霸，假之也。[1]久假而不归，恶知其非有也？"[2]

【朱子集注】

[1] 尧、舜天性浑全，不假修习。汤、武修身体道，以复其性。五霸则假借仁义之名，以求济其贪欲之私耳。

[2] 恶，平声。〇归，还也。有，实有也。言窃其名以终身，而不自知其非真有。或曰："盖叹世人莫觉其伪者。"亦通。旧说，久假不归，即为真有，则误矣。〇尹氏曰："性之者，与道一也；身之者，履之也，及其成功，则一也；五霸则假之而已，是以功烈如彼其卑也。"

公孙丑曰："伊尹曰：'予不狎于不顺。'放太甲于桐，民大悦。太甲贤，又反之，民大悦。[1]贤者之为人臣也，其君不贤，则固可放与？"[2]孟子曰："有伊尹之志，则可；无伊尹之志，则篡也。"[3]

【朱子集注】

[1] 予不狎于不顺，《太甲》篇文。狎，习见也。不顺，言太甲所为不顺义理也。余见前篇。

[2] 与，平声。

[3] 伊尹之志，公天下以为心而无一毫之私者也。

公孙丑曰："《诗》曰'不素餐兮'，君子之不耕而食，何也？"孟子曰："君子居是国也，其君用之，则安富尊荣；其子弟从之，则孝弟忠信。'不素餐兮'，孰大于是？"[1]

【朱子集注】

[1] 餐，七丹反。〇《诗·魏国风·伐檀》之篇。素，空也。无功而食禄，谓之素餐。此与告陈相、彭更之意同。

王子垫问曰："士何事？"[1]孟子曰："尚志。"[2]曰："何谓尚志？"曰："仁义而已矣。杀一无罪，非仁也；非其有而取之，非义也。居恶在？仁是也；路恶在？义是也。居仁由义，大人之事备矣。"[3]

【朱子集注】

[1] 垫，丁念反。○垫，齐王之子也。上则公、卿、大夫，下则农、工、商、贾，皆有所事，而士居其间，独无所事，故王子问之也。

[2] 尚，高尚也。志者，心之所之也。士既未得行公、卿、大夫之道，又不当为农、工、商、贾之业，则高尚其志而已。

[3] 恶，平声。○非仁非义之事，虽小不为。而所居所由，无不在于仁义，此士所以尚其志也。大人，谓公、卿、大夫。言士虽未得大人之位，而其志如此，则大人之事体用已全。若小人之事，则固非所当为也。

孟子曰："仲子，不义与之齐国而弗受，人皆信之，是舍箪食豆羹之义也。人莫大焉亡亲戚、君臣、上下。以其小者信其大者，奚可哉？"[1]

【朱子集注】

[1] 舍，音捨。食，音嗣。○仲子，陈仲子也。言仲子设若非义而与之齐国，必不肯受。齐人皆信其贤，然此但小廉耳。其辟兄离母，不食君禄，无人道之大伦，罪莫大焉。岂可以小廉信其大节，而遂以为贤哉？

桃应问曰："舜为天子，皋陶为士，瞽瞍杀人，则如之何？"[1]孟子曰："执之而已矣。"[2]"然则舜不禁与？"[3]曰："夫舜恶得而禁之？夫有所受之也。"[4]"然则舜如之何？"[5]曰：

“舜视弃天下,犹弃敝蹝也。窃负而逃,遵海滨而处,终身䜣然,乐而忘天下。”[6]

【朱子集注】

[1] 桃应,孟子弟子也。其意以为舜虽爱父,而不可以私害公;皋陶虽执法,而不可以刑天子之父。故设此问,以观圣贤用心之所极,非以为真有此事也。

[2] 言皋陶之心,知有法而已,不知有天子之父也。

[3] 与,平声。○桃应问也。

[4] 夫,音扶。恶,平声。○言皋陶之法,有所传受,非所敢私,虽天子之命亦不得而废之也。

[5] 桃应问也。

[6] 蹝,音徙。䜣与欣同。乐,音洛。○蹝,草履也。遵,循也。言舜之心,知有父而已,不知有天下也。孟子尝言,舜视天下犹草芥,而惟顺于父母可以解忧,与此意互相发。○此章言为士者,但知有法,而不知天子父之为尊;为子者,但知有父,而不知天下之为大。盖其所以为心者,莫非天理之极、人伦之至。学者察此而有得焉,则不待较计论量,而天下无难处之事矣。

孟子自范之齐,望见齐王之子,喟然叹曰:“居移气,养移体,大哉居乎!夫非尽人之子与?”[1]孟子曰:[2]“王子宫室、车马、衣服多与人同,而王子若彼者,其居使之然也,况居天下之广居者乎?”[3]鲁君之宋,呼于垤泽之门。守者曰:‘此非吾君也,何其声之似我君也?’此无他,居相似也。”[4]

【朱子集注】

［1］夫，音扶。与，平声。○范，齐邑。居，谓所处之位。养，奉养也。言人之居处，所系甚大，王子亦人子耳，特以所居不同，故所养不同，而其气体有异也。

［2］张、邹皆云："羡文也。"

［3］广居，见前篇。尹氏曰："睟然见于面，盎于背，居天下之广居者然也。"

［4］呼，去声。○垤泽，宋城门名也。孟子又引此事为证。

孟子曰："食而弗爱，豕交之也；爱而不敬，兽畜之也。[1]恭敬者，币之未将者也。[2]恭敬而无实，君子不可虚拘。"[3]

【朱子集注】

［1］食，音嗣。畜，许六反。○交，接也。畜，养也。兽，谓犬马之属。

［2］将，犹奉也。《诗》曰：'承筐是将。'程子曰："恭敬虽因威仪币帛而后发见，然币之未将时，已有此恭敬之心，非因币帛而后有也。"

［3］此言当时诸侯之待贤者，特以币帛为恭敬，而无其实也。拘，留也。

孟子曰："形色，天性也。惟圣人，然后可以践形。"[1]

【朱子集注】

［1］人之有形有色，无不各有自然之理，所谓天性也。践，如践言之践。盖众人有是形，而不能尽其理，故无以践其形。惟圣人有是形，而又能尽其理，然后可以践其形而无歉也。○程子曰："此言圣人尽得人道而能充其形也。盖人得天地之正气而生，与万物不同。既为人，须尽得人

理,然后称其名。众人有之而不知,贤人践之而未尽,能充其形,惟圣人也。”杨氏曰:“天生烝民,有物有则。物者,形色也。则者,性也。各尽其则,则可以践形矣。”

齐宣王欲短丧。公孙丑曰:“为期之丧,犹愈于已乎?”[1]孟子曰:“是犹或紾其兄之臂,子谓之姑徐徐云尔,亦教之孝弟而已矣。”[2]王子有其母死者,其傅为之请数月之丧。公孙丑曰:“若此者,何如也?”[3]曰:“是欲终之而不可得也,虽加一日愈于已。谓夫莫之禁而弗为者也。”[4]

【朱子集注】

[1] 已,犹止也。

[2] 紾,之忍反。○紾,戾也。教之以孝弟之道,则彼当自知兄之不可戾,而丧之不可短矣。孔子曰:“子生三年,然后免于父母之怀,予也有三年之爱于其父母乎?”所谓教之以孝弟者如此。盖示之以至情之不能已者,非强之也。

[3] 为,去声。○陈氏曰:“王子所生之母死,厌于嫡母而不敢终丧。其傅为请于王,欲使得行数月之丧也。时又适有此事,丑问如此者,是非何如?”按《仪礼》:“公子为其母练冠、麻衣、縓缘,既葬除之。”疑当时此礼已废,或既葬而未忍即除,故请之也。

[4] 夫,音扶。○言王子欲终丧而不可得,其傅为请,虽止得加一日,犹胜不加。我前所讥,乃谓夫莫之禁而自不为者耳。○此章言三年通丧,天经地义,不容私意有所短长。示之至情,则不肖者有以企而及之矣。

孟子曰:“君子之所以教者五:[1]有如时雨化之者,[2]有成德者,有达财者,[3]有答问者,[4]有私淑艾者。[5]此五者,君子之所以教也。”[6]

【朱子集注】

[1] 下文五者，盖因人品高下，或相去远近先后之不同。

[2] 时雨，及时之雨也。草木之生，播种封殖，人力已至而未能自化，所少者，雨露之滋耳。及此时而雨之，则其化速矣。教人之妙，亦犹是也，若孔子之于颜、曾是已。

[3] 财，与材同。此各因其所长而教之者也。成德，如孔子之于冉、闵；达财，如孔子之于由、赐。

[4] 就所问而答之，若孔、孟之于樊迟、万章也。

[5] 艾，音乂。○私，窃也。淑，善也。艾，治也。人或不能及门受业，但闻君子之道于人，而窃以善治其身，是亦君子教诲之所及，若孔、孟之于陈亢、夷之是也。孟子亦曰："予未得为孔子徒也，予私淑诸人也。"

[6] 圣贤施教，各因其材，小以成小，大以成大，无弃人也。

公孙丑曰："道则高矣，美矣，宜若登天然，似不可及也。何不使彼为可几及而日孳孳也？"[1]

【朱子集注】

[1] 几，音机。

孟子曰："大匠不为拙工改废绳墨，羿不为拙射变其彀率。[1]君子引而不发，跃如也。中道而立，能者从之。"[2]

【朱子集注】

[1] 为，去声。彀，古候反。率，音律。○彀率，弯弓之限也。言教

人者，皆有不可易之法，不容自贬以徇学者之不能也。

[2] 引，引弓也。发，发矢也。跃如，如踊跃而出也。因上文彀率而言君子教人，但授以学之之法，而不告以得之之妙，如射者之引弓而不发矢，然其所不告者，已如踊跃而见于前矣。中者，无过不及之谓。中道而立，言其非难非易。能者从之，言学者当自勉也。○此章言道有定体，教有成法；卑不可抗，高不可贬；语不能显，默不能藏。

孟子曰："天下有道，以道殉身；天下无道，以身殉道。[1]未闻以道殉乎人者也。"[2]

【朱子集注】

[1] 殉，如殉葬之殉，以死随物之名也。身出则道在必行，道屈则身在必退，以死相从而不离也。

[2] 以道从人，妾妇之道。

公都子曰："滕更之在门也，若在所礼。而不答，何也？"[1]孟子曰："挟贵而问，挟贤而问，挟长而问，挟有勋劳而问，挟故而问，皆所不答也。滕更有二焉。"[2]

【朱子集注】

[1] 更，平声。○赵氏曰："滕更，滕君之弟，来学者也。

[2] 长，上声。○赵氏曰："二，谓挟贵、挟贤也。"尹氏曰："有所挟，则受道之心不专，所以不答也。"○此言君子虽诲人不倦，又恶夫意之不诚者。

孟子曰："于不可已而已者，无所不已；于所厚者薄，无所不薄也。[1]其进锐者，其退速。”[2]

【朱子集注】

[1] 已，止也。不可止，谓所不得不为者也。所厚，所当厚者也。此言不及者之弊。

[2] 进锐者，用心太过，其气易衰，故退速。○三者之弊，理势必然。虽过不及之不同，然卒同归于废弛。

孟子曰：“君子之于物也，爱之而弗仁；于民也，仁之而弗亲。亲亲而仁民，仁民而爱物。”[1]

【朱子集注】

[1] 物，谓禽兽草木。爱，谓取之有时，用之有节。程子曰：“仁，推己及人，如老吾老，以及人之老，于民则可，于物则不可。统而言之则皆仁，分而言之则有序。”杨氏曰：“其分不同，故所施不能无差等，所谓理一而分殊者也。”尹氏曰：“何以有是差等？一本故也，无伪也。”

孟子曰：“知者无不知也，当务之为急；仁者无不爱也，急亲贤之为务。尧、舜之知而不遍物，急先务也；尧、舜之仁不遍爱人，急亲贤也。[1]不能三年之丧，而缌小功之察；放饭流歠，而问无齿决，是之谓不知务。”[2]

【朱子集注】

[1] 知者之知，并去声。○知者固无不知，然常以所当务者为急，则事无不治，而其为知也大矣；仁者固无不爱，然常急于亲贤，则恩无不洽，而其为仁也博矣。

［2］饭，扶晚反。歠，昌悦反。○三年之丧，服之重者也。缌麻，三月；小功，五月，服之轻者也。察，致详也。放饭，大饭。流歠，长歠，不敬之大者也。齿决，啮断干肉，不敬之小者也。问，讲求之意。○此章言君子之于道，识其全体，则心不狭；知所先后，则事有序。丰氏曰："智不急于先务，虽遍知人之所知、遍能人之所能，徒弊精神，而无益于天下之治矣。仁不急于亲贤，虽有仁民爱物之心，小人在位，无由下达，聪明日蔽于上，而恶政日加于下，此孟子所谓不知务也。"

卷第十四

尽心下

孟子曰："不仁哉，梁惠王也！仁者以其所爱及其所不爱，不仁者以其所不爱及其所爱。"[1]公孙丑曰："何谓也？""梁惠王以土地之故，糜烂其民而战之，大败；将复之，恐不能胜，故驱其所爱子弟以殉之，是之谓以其所不爱及其所爱也。"[2]

【朱子集注】

[1] 亲亲而仁民，仁民而爱物，所谓以其所爱及其所不爱也。

[2] 梁惠王以下，孟子答辞也。糜烂其民，使之战斗，糜烂其血肉也。复之，复战也。子弟，谓太子申也。以土地之故及其民，以民之故及其子，皆以其所不爱及其所爱也。○此承前篇之末三章之意，言仁人之恩，自内及外；不仁之祸，由疏逮亲。

孟子曰："春秋无义战。彼善于此，则有之矣。[1]征者，上伐下也，敌国不相征也。"[2]

【朱子集注】

[1]《春秋》每书诸侯战伐之事，必加讥贬，以著其擅兴之罪，无有以为合于义而许之者。但就中彼善于此者则有之，如召陵之师之类是也。

［2］征，所以正人也。诸侯有罪，则天子讨而正之，此春秋所以无义战也。

孟子曰："尽信《书》，则不如无《书》。[1]吾于《武成》，取二三策而已矣。[2]仁人无敌于天下。以至仁伐至不仁，而何其血之流杵也？"[3]

【朱子集注】

［1］程子曰："载事之辞，容有重称而过其实者，学者当识其义而已。苟执于辞，则时或有害于义，不如无《书》之愈也。"

［2］《武成》，《周书》篇名，武王伐纣归而记事之书也。策，竹简也。取其二三策之言，其余不可尽信也。程子曰："取其奉天伐暴之意，反政施仁之法而已。"

［3］杵，舂杵也。或作卤，楯也。《武成》言武王伐纣，纣之"前徒倒戈，攻于后以北，血流漂杵。"孟子言此则其不可信者。然《书》本意，乃谓商人自相杀，非谓武王杀之也。孟子之设是言，惧后世之惑，且长不仁之心耳。

孟子曰："有人曰：'我善为陈，我善为战。'大罪也。[1]国君好仁，天下无敌焉。[2]南面而征，北狄怨；东面而征，西夷怨。曰：'奚为后我？'[3]武王之伐殷也，革车三百两，虎贲三千人。[4]王曰：'无畏！宁尔也，非敌百姓也。'若崩厥角稽首。[5]征之为言正也，各欲正己也，焉用战？"[6]

【朱子集注】

［1］陈，去声。○制行伍曰陈，交兵曰战。

［2］好，去声。

［3］此引汤之事以明之，解见前篇。

［4］两，去声。贲，音奔。○又以武王之事明之也。两，车数，一车两轮也。千，《书序》作百。

［5］《书·泰誓》文与此小异。孟子之意当云：王谓商人曰："无畏我也。我来伐纣，本为安宁汝，非敌商之百姓也。"于是，商人稽首至地，如角之崩也。

［6］焉，於虔反。○民为暴君所虐，皆欲仁者来正己之国也。

孟子曰："梓匠轮舆能与人规矩，不能使人巧。"[1]

【朱子集注】

［1］尹氏曰："规矩，法度可告者也。巧则在其人，虽大匠亦末如之何也已。盖下学可以言传，上达必由心悟，庄周所论斫轮之意盖如此。"

孟子曰："舜之饭糗茹草也，若将终身焉。及其为天子也，被袗衣，鼓琴，二女果，若固有之。"[1]

【朱子集注】

［1］饭，上声。糗，去久反。茹，音汝。袗，之忍反。果，《说文》作婐，乌果反。○饭，食也。糗，干糒也。茹，亦食也。袗，画衣也。二女，尧二女也。果，女侍也。言圣人之心，不以贫贱而有慕于外，不以富贵而有动于中，随遇而安，无预于己，所性分定故也。

孟子曰："吾今而后知杀人亲之重也：杀人之父，人亦杀其父；杀人之兄，人亦杀其兄。然则非自杀之也，一间耳。”[1]

【朱子集注】

[1] 间，去声。○言吾今然后知者，必有所为而感发也。一间者，我往彼来，间一人耳，其实与自害其亲无异也。范氏曰：“知此则爱敬人之亲，人亦爱敬其亲矣。”

孟子曰：“古之为关也，将以御暴。[1]今之为关也，将以为暴。”[2]

【朱子集注】

[1] 讥察非常。

[2] 征税出入。○范氏曰：“古之耕者什一，后世或收大半之税，此以赋敛为暴也。文王之囿，与民同之；齐宣王之囿，为阱国中，此以园囿为暴也。后世为暴，不止于关。若使孟子用于诸侯，必行文王之政，凡此之类，皆不终日而改也。”

孟子曰：“身不行道，不行于妻子；使人不以道，不能行于妻子。”[1]

【朱子集注】

[1] 身不行道者，以行言之。不行者，道不行也。使人不以道者，以事言之。不能行者，令不行也。

孟子曰：“周于利者，凶年不能杀；周于德者，邪世不能乱。”[1]

【朱子集注】

[1] 周，足也，言积之厚则用有余。

孟子曰："好名之人，能让千乘之国；苟非其人，箪食豆羹见于色。"[1]

【朱子集注】

[1] 好、乘、食，皆去声。见，音现。○好名之人，矫情干誉，是以能让千乘之国。然若本非能轻富贵之人，则于得失之小者，反不觉其真情之发见矣。盖观人不于其所勉，而于其所忽，然后可以见其所安之实也。

孟子曰："不信仁贤，则国空虚。[1]无礼义，则上下乱。[2]无政事，则财用不足。"[3]

【朱子集注】

[1] 空虚，言若无人然。

[2] 礼义，所以辨上下，定民志。

[3] 生之无道，取之无度，用之无节故也。○尹氏曰："三者以仁贤为本。无仁贤，则礼义政事，处之皆不以其道矣。"

孟子曰："不仁而得国者，有之矣；不仁而得天下，未之有也。"[1]

【朱子集注】

[1] 言不仁之人，骋其私智，可以盗千乘之国，而不可以得丘民之心。邹氏曰："自秦以来，不仁而得天下者有矣，然皆一再传而失之，犹不

得也。所谓得天下者，必如三代而后可。”

孟子曰：“民为贵，社稷次之，君为轻。[1]是故得乎丘民而为天子，得乎天子为诸侯，得乎诸侯为大夫。[2]诸侯危社稷，则变置。[3]牺牲既成，粢盛既洁，祭祀以时，然而旱干水溢，则变置社稷。[4]

【朱子集注】

[1] 社，土神。稷，谷神。建国则立坛壝以祀之。盖国以民为本，社稷亦为民而立，而君之尊，又系于二者之存亡，故其轻重如此。

[2] 丘民，田野之民，至微贱也。然得其心，则天下归之。天子，至尊贵也，而得其心者，不过为诸侯耳。是民为重也。

[3] 诸侯无道，将使社稷为人所灭，则当更立贤君，是君轻于社稷也。

[4] 盛，音成。〇祭祀不失礼，而土谷之神不能为民御灾捍患，则毁其坛壝而更置之，亦年不顺成、八蜡不通之意。是社稷虽重于君而轻于民也。

孟子曰：“圣人，百世之师也，伯夷、柳下惠是也。故闻伯夷之风者，顽夫廉，懦夫有立志；闻柳下惠之风者，薄夫敦，鄙夫宽，奋乎百世之上。百世之下，闻者莫不兴起也。非圣人而能若是乎？而况于亲炙之者乎？”[1]

【朱子集注】

[1] 兴起，感动奋发也。亲炙，亲近而熏炙之也。余见前篇。

孟子曰："仁也者，人也。合而言之，道也。"[1]

【朱子集注】

[1] 仁者，人之所以为人之理也。然仁，理也；人，物也。以仁之理，合于人之身而言之，乃所谓道者也。程子曰："《中庸》所谓率性之谓道是也。"○或曰："外国本'人也'之下，有'义也者宜也，礼也者履也，智也者知也，信也者实也'凡二十字。"今按：如此，则理极分明，然未详其是否也。

孟子曰："孔子之去鲁，曰：'迟迟吾行也。'去父母国之道也。去齐，接淅而行，去他国之道也。"[1]

【朱子集注】

[1] 重出。

孟子曰："君子之戹于陈、蔡之间，无上下之交也。"[1]

【朱子集注】

[1] 君子，孔子也。戹与厄同，君臣皆恶，无所与交也。

貉稽曰："稽大不理于口。"[1]孟子曰："无伤也。士憎兹多口。[2]《诗》云：'忧心悄悄，愠于群小。'孔子也。'肆不殄厥愠，亦不陨厥问。'文王也。"[3]

【朱子集注】

[1] 貉，音陌。○赵氏曰："貉，姓；稽，名。为众口所讪。"理，赖也。

今按《汉书》无俚，《方言》亦训赖。

[2] 赵氏曰："为士者，益多为众口所讪。"按：此则憎当从土，今本皆从心，盖传写之误。

[3]《诗·邶风·柏舟》及《大雅·绵》之篇也。悄悄，忧貌。愠，怒也。本言卫之仁人见怒于群小。孟子以为孔子之事，可以当之。肆，发语辞。陨，坠也。问，声问也。本言太王事昆夷，虽不能殄绝其愠怒，亦不自坠其声问之美。孟子以为文王之事，可以当之。○尹氏曰："言人顾自处如何，尽其在我者而已。"

孟子曰："贤者以其昭昭，使人昭昭；今以其昏昏，使人昭昭。"[1]

【朱子集注】

[1] 昭昭，明也。昏昏，暗也。尹氏曰："《大学》之道，在自昭明德，而施于天下国家，其有不顺者寡矣。"

孟子谓高子曰："山径之蹊间，介然用之而成路。为间不用，则茅塞之矣。今茅塞子之心矣。"[1]

【朱子集注】

[1] 介，音戛。○径，小路也。蹊，人行处也。介然，倏然之顷也。用，由也。路，大路也。为间，少顷也。茅塞，茅草生而塞之也。言理义之心，不可少有间断也。

高子曰："禹之声，尚文王之声。"[1] 孟子曰："何以言之？"曰："以追蠡。"[2] 曰："是奚足哉？城门之轨，两马之力与?”[3]

【朱子集注】

[1] 尚,加尚也。丰氏曰:“言禹之乐,过于文王之乐。”

[2] 追,音堆。蠡,音礼。○丰氏曰:“追,钟纽也。《周礼》所谓旋虫是也。蠡者,啮木虫也。言禹时钟在者,钟纽如虫啮而欲绝,盖用之者多,而文王之钟不然,是以知禹之乐过于文王之乐也。”

[3] 与,平声。○丰氏曰:“奚足,言此何足以知之也。轨,车辙迹也。两马,一车所驾也。城中之途容九轨,车可散行,故其辙迹浅。城门惟容一车,车皆由之,故其辙迹深。盖日久车多所致,非一车两马之力能使之然也。言禹在文王前千余年,故钟久而纽绝;文王之钟,则未久而纽全,不可以此而议优劣也。”○此章文义本不可晓,旧说相承如此,而丰氏差明白,故今存之,亦未知其是否也。

齐饥。陈臻曰:“国人皆以夫子将复为发棠,殆不可复。”[1]孟子曰:“是为冯妇也。晋人有冯妇者,善搏虎,卒为善士。则之野,有众逐虎,虎负嵎,莫之敢撄。望见冯妇,趋而迎之。冯妇攘臂下车。众皆悦之,其为士者笑之。”[2]

【朱子集注】

[1] 复,扶又反。○先时齐国尝饥,孟子劝王发棠邑之仓,以振贫穷。至此又饥,陈臻问言齐人望孟子复劝王发棠,而又自言恐其不可也。

[2] 手执曰搏。卒为善士,后能改行为善也。之,适也。负,依也。山曲曰嵎。撄,触也。笑之,笑其不知止也。疑此时齐王已不能用孟子,而孟子亦将去矣,故其言如此。

孟子曰:“口之于味也,目之于色也,耳之于声也,鼻之于臭也，四肢之于安佚也，性也。有命焉，君子不谓性也。[1]仁之于父子也，义之于君臣也，礼之于宾主也，智之于贤者也，圣人之于天道也，命也。有性焉，君子不谓命也。”[2]

【朱子集注】

[1] 程子曰：“五者之欲，性也。然有分，不能皆如其愿，则是命也。不可谓我性之所有，而求必得之也。”愚按：不能皆如其愿，不止为贫贱。盖虽富贵之极，亦有品节限制，则是亦有命也。

[2] 程子曰：“仁、义、礼、智、天道，在人则赋于命者，所禀有厚薄清浊。然而性善可学而尽，故不谓之命也。”张子曰：“晏婴智矣，而不知仲尼。是非命耶？”愚按：所禀者厚而清，则其仁之于父子也至，义之于君臣也尽，礼之于宾主也恭，智之于贤否也哲，圣人之于天道也，无不吻合而纯亦不已焉。薄而浊，则反是。是皆所谓命也。或曰：者当作否；人，衍字。更详之。○愚闻之师曰：“此二条者，皆性之所有而命于天者也。然世之人以前五者为性，虽有不得，而必欲求之；以后五者为命，一有不至，则不复致力，故孟子各就其重处言之，以伸此而抑彼也。张子所谓养则付命于天，道则责成于己，其言约而尽矣。”

浩生不害问曰：“乐正子，何人也？”孟子曰：“善人也，信人也。”[1]“何谓善？何谓信？”[2]曰：“可欲之谓善，[3]有诸己之谓信，[4]充实之谓美，[5]充实而有光辉之谓大，[6]大而化之之谓圣，[7]圣而不可知之之谓神。[8]乐正子，二之中，四之下也。”[9]

【朱子集注】

[1] 赵氏曰：“浩生，姓；不害，名，齐人也。”

[2] 不害问也。

[3] 天下之理，其善者必可欲，其恶者必可恶。其为人也，可欲而不可恶，则可谓善人矣。

[4] 凡所谓善，皆实有之，如恶恶臭，如好好色，是则可谓信人矣。○张子曰："志仁无恶之谓善，诚善于身之谓信。"

[5] 力行其善，至于充满而积实，则美在其中而无待于外矣。

[6] 和顺积中，而英华发外，美在其中，而畅于四支，发于事业，则德业至盛而不可加矣。

[7] 大而能化，使其大者泯然无复可见之迹，则不思不勉，从容中道，而非人力之所能为矣。张子曰："大可为也，化不可为也，在熟之而已矣。"

[8] 程子曰："圣不可知，谓圣之至妙，人所不能测。非圣人之上，又有一等神人也。"

[9] 盖在善、信之间，观其从于子敖，则其有诸己者或未实也。张子曰："颜渊、乐正子皆知好仁矣。乐正子志仁无恶而不致于学，所以但为善人、信人而已。颜子好学不倦，合仁与智，具体圣人，独未至圣人之止耳。"○程子曰："士之所难者，在有诸己而已。能有诸己，则居之安、资之深，而美且大可以驯致矣。徒知可欲之善，而若存若亡而已，则能不受变于俗者鲜矣。"尹氏曰："自可欲之善，至于圣而不可知之神，上下一理。扩充以至于神，则不可得而名矣。"

孟子曰："逃墨必归于杨，逃杨必归于儒。归，斯受之而已矣。[1]今之与杨、墨辩者，如追放豚，既入其苙，又从而招之。"[2]

【朱子集注】

[1] 墨氏务外而不情，杨氏太简而近实，故其反正之渐，大略如此。

归斯受之者，闵其陷溺之久，而取其悔悟之新也。

[2] 放豚，放逸之豕豚也。苙，阑也。招，罥也，羁其足也。言彼既来归，而又追咎其既往之失也。○此章见圣贤之于异端，距之甚严，而于其来归，待之甚恕。距之严，故人知彼说之为邪；待之恕，故人知此道之可反，仁之至，义之尽也。

孟子曰："有布缕之征，粟米之征，力役之征。君子用其一，缓其二。用其二，而民有殍。用其三，而父子离。"[1]

【朱子集注】

[1] 征赋之法，岁有常数，然布缕取之于夏，粟米取之于秋，力役取之于冬，当各以其时。若并取之，则民力有所不堪矣。今两税三限之法，亦此意也。尹氏曰："言民为邦本，取之无度，则其国危矣。"

孟子曰："诸侯之宝三：土地，人民，政事。宝珠玉者，殃必及身。"[1]

【朱子集注】

[1] 尹氏曰："言宝得其宝者安，宝失其宝者危。"

盆成括仕于齐。孟子曰："死矣盆成括！"盆成括见杀，门人问曰："夫子何以知其将见杀？"曰："其为人也小有才，未闻君子之大道也，则足以杀其躯而已矣。"[1]

【朱子集注】

[1] 盆成，姓；括，名也。恃才妄作，所以取祸。徐氏曰："君子道其

常而已。括有死之道焉，设使幸而获免，孟子之言犹信也。”

孟子之滕，馆于上宫。有业屦于牖上，馆人求之弗得。[1]或问之曰：“若是乎从者之廋也？”曰：“子以是为窃屦来与？”曰：“殆非也。夫子之设科也，往者不追，来者不距。苟以是心至，斯受之而已矣。”[2]

【朱子集注】

[1] 馆，舍也。上宫，别宫名。业屦，织之有次业而未成者。盖馆人所作，置之牖上而失之也。

[2] 从、为，并去声。与，平声。夫子，如字，旧读为扶余者，非。○或问之者，问于孟子也。廋，匿也。言子之从者，乃匿人之物如此乎？孟子答之，而或人自悟其失，因言此从者固不为窃屦而来，但夫子设置科条以待学者，苟以向道之心而来，则受之耳，虽夫子亦不能保其往也。门人取其言，有合于圣贤之指，故记之。

孟子曰：“人皆有所不忍，达之于其所忍，仁也；人皆有所不为，达之于其所为，义也。[1]人能充无欲害人之心，而仁不可胜用也。人能充无穿踰之心，而义不可胜用也。[2]人能充无受尔汝之实，无所往而不为义也。[3]士未可以言而言，是以言餂之也；可以言而不言，是以不言餂之也，是皆穿踰之类也。”[4]

【朱子集注】

[1] 恻隐羞恶之心，人皆有之，故莫不有所不忍、不为，此仁义之端也。然以气质之偏、物欲之蔽，则于他事或有不能者。但推所能，达之于

所不能，则无非仁义矣。

[2] 胜，平声。○充，满也。穿，穿穴；踰，踰墙，皆为盗之事也。能推所不忍，以达于所忍，则能满其无欲害人之心，而无不仁矣。能推其所不为，以达于所为，则能满其无穿踰之心，而无不义矣。

[3] 此申说上文充无穿踰之心之意也。盖尔汝，人所轻贱之称，人虽或有所贪昧隐忍而甘受之者，然其中心必有惭忿而不肯受之之实。人能即此而推之，使其充满，无所亏缺，则无适而非义矣。

[4] 餂，音忝。○餂，探取之也。今人以舌取物曰餂，即此意也。便佞隐默，皆有意探取于人，是亦穿踰之类。然其事隐微，人所易忽，故特举以见例。明必推无穿踰之心，以达于此而悉去之，然后为能充其无穿踰之心也。

孟子曰："言近而指远者，善言也；守约而施博者，善道也。君子之言也，不下带而道存焉。[1]君子之守，修其身而天下平。[2]人病舍其田而芸人之田，所求于人者重，而所以自任者轻。"[3]

【朱子集注】

[1] 施，去声。○古人视不下于带，则带之上乃目前常见至近之处也。举目前之近事，而至理存焉，所以为言近而指远也。

[2] 此所谓守约而施博也。

[3] 舍，音捨。○此言不守约而务博施之病。

孟子曰："尧、舜，性者也；汤、武，反之也。[1]动容周旋中礼者，盛德之至也。哭死而哀，非为生者也。经德不回，非以干禄也；言语必信，非以正行也。[2]君子行法，以俟命而已矣。”[3]

【朱子集注】

[1] 性者，得全于天，无所污坏，不假修为，圣之至也。反之者，修为以复其性，而至于圣人也。程子曰：“性之、反之，古未有此语，盖自孟子发之。”吕氏曰：“无意而安行，性者也；有意利行，而至于无意，复性者也。尧、舜不失其性，汤、武善反其性，及其成功则一也。”

[2] 中、为、行，并去声。○细微曲折，无不中礼，乃其盛德之至。自然而中，而非有意于中也。经，常也。回，曲也。三者亦皆自然而然，非有意而为之也，皆圣人之事，性之之德也。

[3] 法者，天理之当然者也。君子行之，而吉凶祸福有所不计，盖虽未至于自然，而已非有所为而为矣。此反之之事，董子所谓“正其义不谋其利，明其道不计其功”，正此意也。○程子曰：“动容周旋中礼者，盛德之至。行法以俟命者，‘朝闻道，夕死可矣’之意也。”吕氏曰：“法由此立，命由此出，圣人也。行法以俟命，君子也。圣人性之，君子所以复其性也。”

孟子曰：“说大人，则藐之，勿视其巍巍然。[1]堂高数仞，榱题数尺，我得志，弗为也。食前方丈，侍妾数百人，我得志，弗为也。般乐饮酒，驱骋田猎，后车千乘，我得志，弗为也。在彼者，皆我所不为也；在我者，皆古之制也，吾何畏彼哉？”[2]

【朱子集注】

[1] 说，音税。藐，音眇。○赵氏曰：“大人，当时尊贵者也。藐，轻之也。巍巍，富贵高显之貌。藐焉而不畏之，则志意舒展，言语得尽也。”

[2] 榱，楚危反。般，音盘。乐，音洛。乘，去声。○榱，桷也。题，

头也。食前方丈，馔食列于前者，方一丈也。此皆其所谓巍巍然者，我虽得志，有所不为，而所守者皆古圣贤之法，则彼之巍巍者何足道哉！○杨氏曰："《孟子》此章，以己之长，方人之短，犹有此等气象，在孔子则无此矣。"

孟子曰："养心莫善于寡欲。其为人也寡欲，虽有不存焉者，寡矣；其为人也多欲，虽有存焉者，寡矣。"[1]

【朱子集注】

[1] 欲，如口鼻耳目四支之欲，虽人之所不能无，然多而不节，未有不失其本心者，学者所当深戒也。程子曰："所欲不必沉溺，只有所向便是欲。"

曾皙嗜羊枣，而曾子不忍食羊枣。[1]公孙丑问曰："脍炙与羊枣孰美？"孟子曰："脍炙哉！"公孙丑曰："然则曾子何为食脍炙而不食羊枣？"曰："脍炙所同也，羊枣所独也。讳名不讳姓，姓所同也，名所独也。"[2]

【朱子集注】

[1] 羊枣，实小黑而圆，又谓之羊矢枣。曾子以父嗜之，父殁之后，食必思亲，故不忍食也。

[2] 肉聂而切之为脍。炙，炙肉也。

万章问曰："孔子在陈，曰：'盍归乎来！吾党之士狂简，进取，不忘其初。'孔子在陈，何思鲁之狂士？"[1]孟子曰："孔子'不得中道而与之，必也狂獧乎！狂者进取，獧者有所不为也’。孔子岂不欲中道哉？不可必得，故思其次也。”[2]“敢问何如斯可谓狂矣？”[3]曰：“如琴张、曾皙、牧皮者，孔子之所谓狂矣。”[4]“何以谓之狂也？”[5]曰：“其志嘐嘐然，曰：‘古之人，古之人。’夷考其行，而不掩焉者也。[6]狂者又不可得，欲得不屑不洁之士而与之，是獧也，是又其次也。[7]孔子曰：‘过我门而不入我室，我不憾焉者，其惟乡原乎！乡原，德之贼也。’”曰：“何如斯可谓之乡原矣？”[8]曰：“‘何以是嘐嘐也？言不顾行，行不顾言，则曰古之人，古之人。行何为踽踽凉凉？生斯世也，为斯世也，善斯可矣。’阉然媚于世也者，是乡原也。”[9]万子曰：“一乡皆称原人焉，无所往而不为原人，孔子以为德之贼，何哉？”[10]曰：“非之无举也，刺之无刺也，同乎流俗，合乎污世，居之似忠信，行之似廉洁，众皆悦之，自以为是，而不可与入尧、舜之道，故曰德之贼也。[11]孔子曰：‘恶似而非者：恶莠，恐其乱苗也；恶佞，恐其乱义也；恶利口，恐其乱信也；恶郑声，恐其乱乐也；恶紫，恐其乱朱也；恶乡原，恐其乱德也。’[12]君子反经而已矣。经正，则庶民兴；庶民兴，斯无邪慝矣。”[13]

【朱子集注】

[1] 盍，何不也。狂简，谓志大而略于事。进取，谓求望高远。不忘其初，谓不能改其旧也。此语与《论语》小异。

[2] 獧，音绢。○不得中道至有所不为，据《论语》，亦孔子之言。然则“孔子”字下当有“曰”字。《论语》道作行，獧作狷。有所不为者，知耻自好，不为不善之人也。孔子岂不欲中道以下，孟子言也。

[3] 万章问也。

[4] 琴张，名牢，字子张。子桑户死，琴张临其丧而歌，事见《庄子》。虽未必尽然，要必有近似者。曾皙，见前篇。季武子死，曾皙倚其门而歌，事见《檀弓》。又，言志异乎三子者之撰，事见《论语》。牧皮，未详。

[5] 万章问。

[6] 嘐，火交反。行，去声。○嘐嘐，志大言大也。重言古之人，见其动辄称之，不一称而已也。夷，平也。掩，覆也。言平考其行，则不能覆其言也。程子曰："曾皙言志，而夫子与之。盖与圣人之志同，便是尧、舜气象也。特行有不掩焉耳，此所谓狂也。"

[7] 此因上文所引，遂解所以思得獧者之意。狂，有志者也；獧，有守者也。有志者能进于道，有守者不失其身。屑，洁也。

[8] 乡人非有识者。原与愿同。《荀子》"原悫"，字皆读作愿，谓谨愿之人也。故乡里所谓愿人，谓之乡原。孔子以其似德而非德，故以为德之贼。过门不入而不恨之，以其不见亲就为幸，深恶而痛绝之也。万章又引孔子之言而问也。

[9] 行，去声。踽，其禹反。阉，音奄。○踽踽，独行不进之貌。凉凉，薄也，不见亲厚于人也。乡原讥狂者曰：何用如此嘐嘐然，行不掩其言，而徒每事必称古人邪？又讥獧者曰：何必如此踽踽凉凉，无所亲厚哉？人既生于此世，则当但为此世之人，使当世之人皆以为善则可矣。此乡原之志也。阉，如奄人之奄，闭藏之意也。媚，求悦于人也。孟子言此深自闭藏，以求亲媚于世，是乡原之行也。

[10] 原，亦谨厚之称，而孔子以为德之贼，故万章疑之。

[11] 吕侍讲曰："言此等之人，欲非之则无可举，欲刺之则无可刺也。"流俗者，风俗颓靡，如水之下流，众莫不然也。污，浊也。非忠信而似忠信，非廉洁而似廉洁。

[12] 恶，去声。莠，音有。○孟子又引孔子之言以明之。莠，似苗之草也。佞，才智之称，其言似义而非义也。利口，多言而不实者也。郑声，淫乐也。乐，正乐也。紫，间色。朱，正色也。乡原，不狂不獧，人皆以为善，有似乎中道而实非也，故恐其乱德。

[13] 反，复也。经，常也，万世不易之常道也。兴，兴起于善也。邪慝，如乡原之属是也。世衰道微，大经不正，故人人得为异说以济其私，而邪慝并起，不可胜正。君子于此，亦复其常道而已。常道既复，则民兴于善，而是非明白，无所回互，虽有邪慝，不足以惑之矣。○尹氏曰："君子取夫狂猥者，盖以狂者志大而可与进道，猥者有所不为而可与有为也。所恶于乡原，而欲痛绝之者，为其似是而非，惑人之深也。绝之之术无他焉，亦曰反经而已矣。"

孟子曰："由尧、舜至于汤，五百有余岁，若禹、皋陶，则见而知之；若汤，则闻而知之。[1]由汤至于文王，五百有余岁，若伊尹、莱朱，则见而知之；若文王，则闻而知之。[2]由文王至于孔子，五百有余岁，若太公望、散宜生，则见而知之；若孔子，则闻而知之。[3]由孔子而来至于今，百有余岁，去圣人之世，若此其未远也；近圣人之居，若此其甚也，然而无有乎尔，则亦无有乎尔。"[4]

【朱子集注】

[1] 赵氏曰："五百岁而圣人出，天道之常。然亦有迟速，不能正五百年，故言有余也。"尹氏曰："知，谓知其道也。"

[2] 赵氏曰："莱朱，汤贤臣。"或曰："即仲虺也，为汤左相。"

[3] 散，素亶反。○散，氏；宜生，名；文王贤臣也。子贡曰："文、武之道，未坠于地，在人。贤者识其大者，不贤者识其小者，莫不有文、武之道焉。夫子焉不学？"此所谓闻而知之也。

[4] 林氏曰："孟子言孔子至今时未远，邹鲁相去又近，然而已无有见而知之者矣；则五百余岁之后，又岂复有闻而知之者乎？"愚按：此言虽若不敢自谓已得其传，而忧后世遂失其传，然乃所以自见其有不得辞者，而又以见夫天理民彝不可泯灭，百世之下，必将有神会而心得之者耳。

故于篇终，历序群圣之统，而终之以此，所以明其传之有在，而又以俟后圣于无穷也，其指深哉！○有宋元丰八年，河南程颢伯淳卒。潞公文彦博题其墓曰："明道先生。"而其弟颐正叔序之曰："周公殁，圣人之道不行；孟轲死，圣人之学不传。道不行，百世无善治；学不传，千载无真儒。无善治，士犹得以明夫善治之道，以淑诸人，以传诸后；无真儒，则天下贸贸焉莫知所之，人欲肆而天理灭矣。先生生乎千四百年之后，得不传之学于遗经，以兴起斯文为己任。辨异端，辟邪说，使圣人之道焕然复明于世。盖自孟子之后，一人而已。然学者于道不知所向，则孰知斯人之为功？不知所至，则孰知斯名之称情也哉？"

国學典藏

《国学典藏》丛书已出书目

周易［明］来知德 集注
诗经［宋］朱熹 集传
尚书曾运乾 注
仪礼［汉］郑玄注［清］张尔岐 句读
礼记［元］陈澔 注
论语·大学·中庸［宋］朱熹 集注
孟子［宋］朱熹 集注
左传［战国］左丘明 著［晋］杜预 注
孝经［唐］李隆基 注［宋］邢昺 疏
尔雅［晋］郭璞 注
战国策［汉］刘向 辑录
［宋］鲍彪 注［元］吴师道 校注
国语［战国］左丘明 著
［三国吴］韦昭 注
徐霞客游记［明］徐弘祖 著
荀子［战国］荀况 著［唐］杨倞 注
近思录［宋］朱熹 吕祖谦 编
［宋］叶采［清］茅星来 等注
老子［汉］河上公 注［汉］严遵 指归
［三国魏］王弼 注
庄子［清］王先谦 集解
列子［晋］张湛 注［唐］卢重玄 解
［唐］殷敬顺［宋］陈景元 释文
孙子［春秋］孙武 著［汉］曹操 等注
墨子［清］毕沅 校注
韩非子［清］王先慎 集解
吕氏春秋［汉］高诱 注［清］毕沅 校
管子［唐］房玄龄 注［明］刘绩 补注
淮南子［汉］刘安 著［汉］许慎 注
坛经［唐］惠能 著 丁福保 笺注
楞伽经［南朝宋］求那跋陀罗 译
［宋］释正受 集注
世说新语［南朝宋］刘义庆 著
［南朝梁］刘孝标 注
山海经［晋］郭璞 注［清］郝懿行 笺疏
颜氏家训［北齐］颜之推 著
［清］赵曦明 注［清］卢文弨补注
三字经·百家姓·千字文
［宋］王应麟等 著
梦溪笔谈［宋］沈括 著
容斋随笔［宋］洪迈 著
困学纪闻［宋］王应麟 著
［清］阎若璩 等注
楚辞［汉］刘向 辑
［汉］王逸 注［宋］洪兴祖 补注
玉台新咏［南朝陈］徐陵 编
［清］吴兆宜 注［清］程琰 删补
乐府诗集［宋］郭茂倩 编撰
唐诗三百首［清］蘅塘退士 编选
［清］陈婉俊 补注
宋词三百首［清］朱祖谋 编选
词综［清］朱彝尊 汪森 编
陶渊明全集［晋］陶渊明 著［清］陶澍 集注
王维诗集［唐］王维 著［清］赵殿成 笺注
孟浩然诗集［唐］孟浩然 著［宋］刘辰翁 评
李商隐诗集［唐］李商隐 著［清］朱鹤龄 笺注
杜牧诗集［唐］杜牧 著［清］冯集梧 注
李贺诗集［唐］李贺 著
［宋］吴正子 注［宋］刘辰翁 评
李煜词集（附李璟词集、冯延巳词集）
［南唐］李煜 著
柳永词集［宋］柳永 著
晏殊词集·晏幾道词集
［宋］晏殊 晏幾道 著